Richtig essen in
Schwangerschaft
und Stillzeit

DAGMAR VON CRAMM

Richtig essen in
Schwangerschaft und Stillzeit

Rezepte und Texte: Dagmar von Cramm
Fotos: Coco Lang

Inhalt

Schwangerschaft ist keine Krankheit. An dieser Erkenntnis hat sich bis heute nichts geändert. Der weibliche Körper ist in den meisten Fällen bestens dafür gerüstet, die zusätzliche Last zu tragen. Wir zeigen auf diesen Seiten, wie Sie sich und Ihrem Körper Gutes tun können, was sich ändert, was Sie brauchen und was Sie nicht brauchen.

Rezepte für Gerichte, die Sie und das Ungeborene mit allem Nötigen versorgen, werden hier in Hülle und Fülle geboten: Getränke, Frühstück, Snacks, Suppen, Salate, süße und pikante Hauptgerichte sowie Desserts. Außerdem ein paar Gerichte für den Vorrat. Und für den süßen Heißhunger gibt es gesundes Gebäck, das Sie aufbaut.

STILLZEIT

Was muss ich wissen? 80

Wissen rund ums Wochenbett, damit Sie sich wohlfühlen, die Milch fließt und Ihr Baby zufrieden ist: Stilltipps; Infos zu wichtigen Nährstoffen; über den Umgang mit Wehwehchen bei Mutter und Kind; Kochen, Trinken und schließlich Abstillen und Abnehmen. Außerdem ein Plan für die ersten Löffelmahlzeiten des Babys.

Rezepte für Mutter (und Kind) 90

Gesundes Essen hilft Ihnen, den Babystress besser zu überstehen. Nicht nur Trinken (für den Milchfluss) ist wichtig, auch auf gesunde Nährstoffe aus wertvollen, frisch zubereiteten Lebensmitteln kommt es an. Zu jeder Tageszeit gelingt das mit den Rezepten aus diesem Kapitel. Am Ende isst Ihr Baby sogar mit: Unsere Mutter-und-Kind-Rezepte machen's möglich.

Beikostplan fürs Baby 120

WILLKOMMEN IM LEBEN!

Ein Kind zu erwarten, gehört zu den wunderbarsten Erfahrungen im Leben. Übertroffen wird es nur davon: ein Baby zu haben! Um beides geht es in diesem Buch. Genauer gesagt, um Ihre Ernährung in dieser Zeit, darum, was Ihnen und Ihrem Kind gut tut
und wie Sie das Essen zubereiten.
Schon vor der Empfängnis ist Ernährung wichtig – ausreichend Folsäure schützt das Kind. In den weiteren Monaten kann Ihr Essverhalten kindliche Anlagen formen. Beim Stillen verbessert Ihre Ernährung die Startchancen fürs Kind und schützt Sie vor Mängeln.
In Zukunft haben Sie die Verantwortung für Ihr Kind und seine Ernährung. Wer sich darauf einlässt und bewusst einkauft, kocht und isst, gewinnt Lebensqualität für die ganze Familie. So führt dieses Buch Sie am Ende zum Kochen für Sie und Ihr Kind. Denn das Herz eines gelungenen, glücklichen Familienlebens ist und bleibt die gemeinsame Mahlzeit!

Dagmar Frfr. v. Cramm

SCHWANGERSCHAFT

Lassen Sie es sich und Ihrem wachsenden Kind so richtig gut gehen. Nehmen Sie Ihre Versorgung selbst in die Hand und vermeiden Sie Risiken. Selberkochen macht fit: Entdecken Sie, wie gut Ihnen diese Gerichte tun, die extra für Ihre aktuellen Bedürfnisse entwickelt wurden.

Schwangerschaft ist keine Krankheit, sondern ein natürliches Geschehen, für das Ihr Körper geschaffen ist. Die Vorsorgeuntersuchungen beim Arzt sind trotzdem ein Muss. Sie können sich und Ihr Kind schützen, indem Sie einige Ernährungsregeln von Anfang an beachten. Denn die Plazenta, durch die das Blut zum Kind gelangt, ist kein Filter. Schadstoffe wie Alkohol, Nikotin und Medikamente können über das Blut den Embryo bzw. Fetus erreichen und ihm schaden.

IM ERSTEN TRIMESTER stellt sich der Körper auf das wachsende Kind ein: Das Gewebe lagert mehr Wasser ein, die Blutmenge erhöht sich, der Busen wird voller, das Gesicht weicher. Der Bauch ist noch flach, denn der Embryo ist winzig! Mit den ersten Tagen der Schwangerschaft legt der Körper den Hormonschalter um. Diese Phase kann, muss aber nicht, zum typischen Unwohlsein führen, das sich mit Übelkeit, Sodbrennen und Müdigkeit äußert.

DAS ZWEITE TRIMESTER ist eine Phase der Ausgeglichenheit und des Aufbaus: Ihr Körper sammelt Reserven für die nächsten Monate. Pro Woche gilt jetzt eine Zunahme von 250–400 g als normal. Dabei entfällt nur ein kleiner Teil aufs Baby: Ende des 6. Monats wiegt der Embryo etwa 800 g. Zwischen der 24. und 28. Woche ist ein Diabetestest beim Arzt wichtig! Wer in den ersten Monaten bereits kräftig zugenommen hat, sollte jetzt möglichst weniger zulegen.

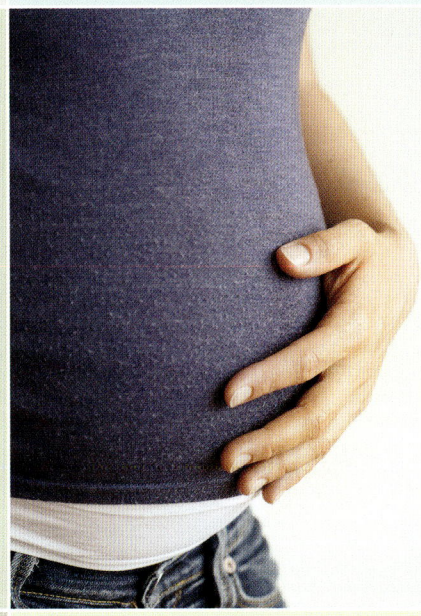

Eine bestens versorgte Mutter kann auch ihr Kind gut ernähren: Über die Plazenta findet der Ausgleich statt. Einige Nährstoffe jedoch werden gezielt zum Kind gepumpt, auch auf Ihre Kosten. Deshalb ist eine regelmäßige und vollwertige Ernährung für beide wichtig. Überflüssig dagegen sind Nährstoffpillen nach dem Gießkannenprinzip: Diese sollte man besser nur nach Verordnung einnehmen. Bewegung tut Ihnen beiden gut; machen Sie Yoga oder Gymnastik!

IM DRITTEN TRIMESTER tragen Sie Ihr Kind deutlich sichtbar vor sich her: So langsam wird Bewegung beschwerlich. Ihr Körper lagert mehr Wasser ein, die Bänder und Sehnen lockern sich. Aber auch ein kleines Fettpolster legen Sie sich für Geburt und Stillzeit zu. Pro Woche zeigt die Waage jetzt etwa 500 g mehr an. Dabei ist zunehmend weniger Platz in Ihrem Bauch für voluminöse Mahlzeiten. Also regelmäßig, aber mäßig essen. Das hält den Blutzuckerspiegel im Lot.

Jetzt können Sie eine Menge für Ihre Schönheit tun: Essen Sie weiter vollwertig, aber mäßig; das beugt plötzlicher Zunahme und damit Schwangerschaftsstreifen vor. Sorgen Sie weiter für regelmäßige Bewegung, und legen Sie öfter die Beine hoch; das senkt die Gefahr für Krampfadern. Zähneputzen ist für die Zahngesundheit (Seite 11) wichtiger denn je. Ausreichend Sonne, auch auf die unbedeckte Brust, bereitet aufs Stillen vor und stärkt die Knochen. Gönnen Sie sich Ruhe!

Ein Schlückchen von Mama…

Das wachsende Kind bekommt über den mütterlichen Blutkreislauf via Plazenta alles, was es zum Gedeihen braucht. Zusätzlich »badet« es im Fruchtwasser und trinkt und schmeckt davon. Und das Fruchtwasser enthält Aromen und Geschmacksnoten der mütterlichen Kost. So beginnt die Geschmacksentwicklung schon früh – je vielfältiger Sie essen, desto besser!

Schwangeren-Ammenmärchen

ESSEN FÜR ZWEI? Das ist nicht nötig; von Übergewicht geht eine größere Gefahr für Mutter und Kind aus: Mangel, also Untergewicht, ist bei uns eher selten. Wichtig ist es, vollwertig und regelmäßig zu essen: Fünf Mahlzeiten am Tag sind jetzt ideal. Vor allem sollten Sie nicht ständig Junk Food snacken!

JEDES KIND EIN ZAHN? Wer genug Kalzium zu sich nimmt und auf die Mundhygiene achtet, der kann weiter zubeißen. Für eine gute Kalziumversorgung täglich etwa ½ l fettarme Milch trinken oder die entsprechende Menge Joghurt und Käse essen und regelmäßig Zähne putzen – vor allem nach Zuckrigem. Besonders effektiv ist ein Stück Hartkäse als Betthupferl.

HEISSHUNGER UND GELÜSTE? Endlich alles essen? Einspruch! Ihr Geschmack kann sich verändern und Sie entwickeln vielleicht Heißhunger (Pica) oder Gelüste entwickeln sich – trotzdem sollten Sie Maß halten und vernünftig sein.

SCHON DICH, KIND? Die beste Voraussetzung für eine gesunde Schwangerschaft ist nicht Ruhe, sondern ausreichend Bewegung! Werden Sie nicht zur Couch-Potato, sondern sporteln Sie nach Herzenslust, und gehen Sie 1 Stunde täglich spazieren.

Sind Nahrungsergänzungsmittel nötig oder schädlich?

Eine Studie ergab: Supplemente werden in der Schwangerschaft oft unnötig dosiert.
DHA (DOCOSAHEXAENSÄURE): Empfohlen werden höchstens 200 mg pro Tag, ein Effekt ist fraglich. Gesund sind alle Omega-3-Fettsäuren, wie sie in Rapsöl, Nüssen und Seefisch vorkommen.
FOLSÄURE: Die beste Vorbeugung gegen »offenen Rücken« beim Kind. Vor der Schwangerschaft und im 1. Trimester 400 mg pro Tag einnehmen, viel Rohkost essen.
MAGNESIUM: Das ist selten notwendig – nur bei Wadenkrämpfen und vorzeitigen Wehen nach ärztlicher Verordnung einnehmen.
EISEN: Es wird oft überdosiert: Höchstens 30 mg pro Tag sollte man einnehmen.
JOD: 0,1 mg pro Tag sind sinnvoll und angebracht, um einem Kropf vorzubeugen.

Diese Nährstoffe brauchen Sie jetzt in besonders hohem Maße

WAS SIE JETZT BESONDERS BRAUCHEN	WARUM ES WICHTIG IST	WORIN ES ENTHALTEN IST
FOLSÄURE spätestens 4 Wochen vor Beginn der Schwangerschaft bis zum 4. Monat nehmen. Dosierung: 400 mg/Tag.	Unentbehrlich für die Zellteilung, gerade in den ersten 28 Tagen. Ein Mangel kann in seltenen Fällen zur Schädigung des Kindes führen.	In rohem grünem Gemüse, Erdbeeren, Orangen und Weizenkeimen, Jodsalz mit Folsäure. Einmal täglich Rohkost und Obst!
VITAMIN B6 ist zunehmend wichtig: Der Bedarf steigt über 50 % an.	Am Eiweißstoffwechsel maßgeblich beteiligt und damit für das Wachstum des Embryos notwendig.	In Vollkorn, v. a. Weizenkeimen, aber auch in Schweine- und Hähnchenfleisch. Regelmäßig Müsli und Vollkornbrot!
VITAMIN B2 Der Bedarf ist leicht erhöht, ein Mangel selten.	Es ist an allen Stoffwechselreaktionen beteiligt und fürs Wachstum des Babys unentbehrlich.	In Milch und Milchprodukten, auch in Fisch, Schweinefleisch und Pilzen.
VITAMIN B1 wird ähnlich überproportional wie B2 notwendig.	Spielt eine wichtige Rolle beim Energie- und Kohlenhydratstoffwechsel.	Schweinefleisch ist top – auch Hähnchenfleisch, Sonnenblumenkerne und Vollkorn.
VITAMIN B12 kann vor allem bei langjährigen Veganern knapp werden. Dann ist eventuell ein Präparat nötig.	Es ist für die Blutbildung und den Folsäurestoffwechsel wichtig und wird vom Fetus gespeichert.	Nur in Fleisch, Fisch, Milch und Milchprodukten und Ei. In Mikromengen in Sauerkraut oder Algen.
VITAMIN A bzw. Beta-Karotin Ab dem 7. Monat der Schwangerschaft ist der Bedarf um zwei Drittel gestiegen.	Wichtig für die Bildung von Haut und Membranen, vor allem für die Lungenentwicklung des Embryos.	Eigelb, Käse, als Vorstufe Karotin aus gelb-orangem Obst und Gemüse, auch in Grüngemüse wie Brokkoli. Zu Vitamin A in Leber s. Seite 20 (Fleisch).

Diese Nährstoffe brauchen Sie jetzt in besonders hohem Maße

WAS SIE JETZT BESONDERS BRAUCHEN	WARUM ES WICHTIG IST	WORIN ES ENTHALTEN IST
JOD ist besonders nötig, um bei Mutter und Kind einem Kropf vorzubeugen.	Baustein der Schilddrüsenhormone, bei Mangel entwickelt sich schon beim Ungeborenen ein Kropf.	In Seefisch und jodiertem Salz. In Mitteleuropa sind Boden und Trinkwasser jodarm. Nicht nur im Süden, auch an der See kann Jod knapp sein.
EISEN wird durch die wachsende Blutmenge benötigt: Etwa 800 mg werden zusätzlich eingelagert.	Eisen ist als Teil der roten Blutkörperchen für den Sauerstofftransport notwendig.	Fleisch – je dunkler, desto mehr; Vollkorn, Nüsse, Samen und Kerne, v. a. Sesam und Kürbiskerne.
ZINK Der Bedarf steigt um fast die Hälfte, die Versorgung sollte kontinuierlich verlaufen.	Notwendig für alle Stoffwechselreaktionen, für Wachstum und Immunabwehr.	Fisch, Fleisch, Käse, Hülsenfrüchte, Nüsse, Kerne und Samen sowie Vollkorn.
KALZIUM 30 g hat das Neugeborene in Knochen und Gewebe eingelagert.	Nicht nur Baustein für Knochen und Zähne, sondern auch wichtig für die Reizübertragung von Nerv zu Muskel.	Milch und Milchprodukte, v. a. Hartkäse, grünes Gemüse und Mineralwasser mit mehr als 150 mg Kalzium/l.
EIWEISS bzw. Aminosäuren sind der Baustein jeder neuen Zelle, der Bedarf steigt um ein Viertel!	Es ist das Material, aus dem die Zellen und die Erbinformation bestehen.	Fleisch, Fisch, Ei, Milch & Milchprodukte, Kerne, Nüsse & Samen, Hülsenfrüchte und Tofu, Vollkorn, Kartoffeln.
ENERGIE bzw. Kalorien: Der Bedarf steigt insgesamt nur um 13 %!	Das Wachstum des Kindes benötigt Energie: im 1. Trimester 100 kcal, im zweiten 300 kcal, im dritten 450 kcal.	100 kcal entsprechen einem Apfel, 300 kcal einem Brot mit Lachs oder Sardinen und 400 kcal einer Extraportion Veggie-Pasta.

Allergien: Toleranzentwicklung

Schon das Ungeborene setzt sich mit Substanzen aus Ihrer Ernährung auseinander – das ist gut so! Denn die aktuelle Allergieforschung hält, anders als bisher, die Konfrontation mit evtl. allergenen Substanzen (in kleinen Mengen) für die beste Vorbeugung. Essen Sie also möglichst vielseitig. Omega-3-Fettsäuren aus Ihrem Essen scheinen beim Kind sogar allergiesenkend zu wirken. Rauchen, Abgase sowie Schimmel und Pilze in Wohnräumen fördern Allergien.

Zunehmen – aber mit Maß

Schon im Mutterleib kann beim ungeborenen Kind das Risiko für Übergewicht geprägt werden. Eine übermäßige Gewichtszunahme kann ein überhöhtes Geburtsgewicht beim Kind zur Folge haben – und das erhöht das Risiko für späteres Übergewicht oder gar Diabetes. Außerdem steigt das Risiko für Komplikationen.

Das macht das zusätzliche Gewicht aus: Baby: 3–4 kg, Gebärmutter: 900 g, Plazenta: 600 g, Blutmenge: 1,2 kg, Körperflüssigkeit: 2,6 kg, Fettreserve: 2,5 kg = 10,8–11 kg.

Wie viel Zunahme gesund ist, hängt individuell von Ihrem BMI (Body-Mass-Index; Seite 144) ab.

UNTERGEWICHTIGE (BMI < 18,5) sollten 12,5–18 kg zunehmen. Gerade sehr schlanke werdende Mütter nehmen zu Beginn der Schwangerschaft erheblich zu.
NORMALGEWICHTIGE (BMI 18,5–24,9) können zwischen 11,5 und 16 kg zulegen.
ÜBERGEWICHTIGE (BMI 25–29,9) sollten nicht mehr als 7–11,5 kg zunehmen.
SCHWER ADIPÖSE (BMI > 30) sollten 5–9 kg zunehmen, aber während der Schwangerschaft keine Diät halten.

Prävention beginnt im Mutterleib: Perinatale Programmierung

Anscheinend werden in den Monaten rund um die Geburt die Regelfunktionen des Körpers »programmiert«. Eine Studie mit Leihmüttern zeigte: Das Gewicht der Kinder ähnelte mehr dem der Leihmutter als dem der biologischen Mutter. Die Lebensumstände prägen das Kind also auch körperlich. Als wichtig gilt die Zeit von der 24. Schwangerschaftswoche bis zur 4. Lebenswoche des Kindes. Wie ein gesundes Gewicht halten?
- Machen Sie zwischen der 24. und 28. Woche den Glukosetoleranztest (Seite 145).
- Bewegen Sie sich regelmäßig, treiben Sie leichten Ausdauersport, gehen Sie möglichst viel zu Fuß oder fahren Sie Rad!
- Essen Sie vollwertig und vielseitig: Gesund sind viel Gemüse, am besten Vollkornprodukte und außerdem so wenig Zuckriges wie möglich!

Ein gesunder Tag für Mutter und Kind

MORGENS DIE RESERVEN WIEDER AUFFÜLLEN

FLÜSSIGKEIT IST WICHTIG

Am besten, Sie genießen Ihre erste Tasse Tee oder Saft noch im Bett. Das regt den müden Kreislauf an und beugt Übelkeit vor. Wer einen niedrigen Blutdruck hat, darf jetzt eine Tasse Schwarztee oder Kaffee genießen. Wem etwas übel ist, der sollte es mit dem Ingwer-Quitten-Tee (Seite 22) versuchen oder dem Melissen-Kräuterwasser (Seite 24). Bei Überempfindlichkeit gegen jeden Duft eine Tasse heißes Wasser schlückchenweise trinken.

FIT MIT KOHLENHYDRATEN

Über Nacht leeren sich die Energiespeicher in Muskeln und Leber. Am schnellsten sind sie wieder mit Kohlenhydraten zu füllen: Knabbern Sie ein Fruchtbusserl oder einen Ingwer-Lebkuchen (Seite 51). Das hilft auch gegen Übelkeit. Alternativ sorgt ein Glas frisch gepresster Orangensaft für schnelle Energie.

KÖNIGLICH FRÜHSTÜCKEN

Jetzt legen Sie die Grundlage für einen gesunden Tag: Gönnen Sie sich ein Aufbau-Müsli (Seite 27) mit Joghurt und vielen Früchten. Wer es lieber handfest mag, isst 1–2 Scheiben Vollkornbrot mit einem der gehaltvollen Aufstriche (Seite 34–36). Morgenmuffel mixen sich wenigstens einen Smoothie (Seite 25). Und vergessen Sie nicht, ein zweites Frühstück mitzunehmen.

MITTAGS SCHLEMMEN – ABER DAS RICHTIGE

NICHT NASCHEN

Wer im Betrieb eine Kantine hat, sollte das nutzen: Warme Mahlzeiten haben meist mehr wertvolle Nährstoffe als eine Stulle, Riegel oder Kuchen. Konzentrieren Sie sich auf Gemüse, Salat und Kartoffeln oder Vollkornreis oder -nudeln. Fisch, auch Geflügel, ist pur am besten. Auf Paniertes, Frittiertes oder Sahnesaucen lieber verzichten und den Salat mit Rapsöl und Zitronensaft anmachen. Und als Dessert frisches Obst essen!

DER GUTE HENKELMANN?

Sie können sich aber auch eine 3-Sterne-Verpflegung mitnehmen. Stellen Sie sich eine Bentobox (Seite 31) zusammen, bereiten Sie ein Sandwich vor (Seite 29), nehmen Sie Dips und jede Menge rohes Gemüse mit. Das tut Nerven und Verdauung gut.

KAFFEE UND KUCHEN?

Aus zwei Gründen lieber nicht: Mehr als 2 Tassen Kaffee pro Tag oder 4 Tassen Schwarz-, Grün- oder Matetee oder 1 Glas Cola lassen das Herz Ihres Kindes zu schnell schlagen. Und »normaler« Kuchen liefert viel Zucker und Fett: lauter leere Kalorien. Lieber Joghurt und Obst genießen – und Carob-Cappuccino (Seite 22) oder Rotbuschtee trinken. Mangokuchen, Muffins oder Kastanienbrot (Seite 44–48) dazu genießen, vor allem bei schmaler Mittagskost.

ABENDS RICHTIG GENIESSEN

JETZT NOCH KOCHEN?

Wer mittags kalt gegessen hat, der sollte tatsächlich abends etwas Warmes essen. Das kann eine schnelle Suppe sein, ein Wokgericht oder Pasta (Seite 62–66). Keine Lust? Dann gönnen Sie sich wenigstens einen Salat – und Vollkornbrot mit einem gesunden Aufstrich.

BETTHUPFERL?

Wenn Sie der Süßhunger überkommt, dann gönnen Sie sich abends eine Süßspeise zum Sattessen: Apfelstrudel (Seite 43), Milchreis oder Beerentabouleh (Seite 40). Oder Pastinaken-Ingwer-Brötchen (Seite 33) mit einem der süßen Aufstriche. Alle diese Gerichte bringen Ihre Verdauung in Schwung, machen satt und liefern jede Menge Bausteine für gesundes Wachstum. Ganz im Gegensatz zu Schokolade & Co.

SCHLUMMERTRUNK

Alkohol ist tabu, Kaffee und Cola ebenfalls – also, was abends trinken? Köstliche Tees, heiß oder gekühlt, sind wunderbar. Bei Fruchtsäften nicht mehr als 1 Glas – sie sind kalorienreicher, als Sie denken. Wunderbar ist ein Glas fettarme Milch: Das macht satt und liefert extraviel Kalzium, das abends besonders gut aufgenommen wird.

ROHMILCHKÄSE

ALKOHOLISCHE & CHININHALTIGE GETRÄNKE

ROHES ODER HALB ROHES FLEIS & ROHE STREICHWURST

ROHES EI

Auf diese Dinge sollten Sie in den Monaten Ihrer Schwangerschaft verzichten, weil sie Ihrem Kind schaden können. Aber machen Sie sich nicht verrückt. Das Risiko ist minimal – ein versehentlicher »Ausrutscher« ist keine Katastrophe! Viel wichtiger ist es, dass Sie vollwertig, regelmäßig und mäßig essen, dass Sie sich viel bewegen und genug schlafen. Vermeidbare Gifte für Ihr Kind wie Alkohol und Nikotin sollten Sie aber unbedingt konsequent meiden.

ABGEPACKTE ROHKOST

ROHER FISCH & MEERESFRÜCHTE

ROHES GETREIDE

RÄUCHERFISCH

Davor sollten Sie sich hüten

LISTERIOSE wird durch Bakterien ausgelöst, die sich auf fast allen rohen Lebensmitteln entwickeln können: Rinde von Rohmilchkäse, roher Fisch wie Matjes oder Räucherlachs und Fleisch wie Tartar, Mett oder Carpaccio, abgepackte frische Salate, Sprossen oder Obstcocktails, aber auch Sandwiches oder Dressings. Listerien können das Kind schädigen.

TOXOPLASMOSE wird meist durch rohes Fleisch übertragen. Wer zu Schwangerschaftsbeginn Antikörper entwickelt hat, ist immun. Eine frische Infektion ist für Ihr Kind gefährlich und muss behandelt werden. Vorbeugung wie gegen Listeriose.

SALMONELLEN kommen überall vor, besonders aber in rohem Ei, Geflügel, Schweinefleisch und Fisch. Bei Temperaturen über 20° vermehren sie sich stark. Deshalb Fleisch und Ei immer durchgaren und dann gut kühlen. Salmonellose schädigt Ihr Kind nicht direkt, aber die Durchfälle können belastend wirken.

EHEC (S. 144) wird ebenfalls durch Bakterien in rohen Lebensmitteln, v. a. von Wiederkäuern, übertragen und kann zu Nierenversagen führen. Es gelten dieselben Tabus wie bei Listeriose.

SCHIMMELPILZE und ihre Gifte wie Mykotoxine und Aflatoxine kommen besonders häufig in ranzigen Nüssen (Erd-, Paranüssen, Pistazien) und Getreideprodukten vor (s. auch Seite 20). Sie können unsichtbar das ganze Lebensmittel durchziehen. Die Gifte können auf Dauer im Extremfall Nerven und Organe schädigen oder Krebs auslösen.

Was Sie essen dürfen

KEIN RISIKO bedeutet Käse aus pasteurisierter Milch. Aber auch hier die Rinde nicht mitessen. Lang gereifter Rohmilchkäse wie Gruyère ist sicher. Auch harte luftgetrocknete Salami oder Schinken sind unbedenklich, wenn sie 6 Monate gereift sind. Salate immer frisch waschen, Obst am besten frisch zubereiten. In jedem Fall gilt: Beim Aufkochen werden Listerien zerstört.

ERHITZTES FLEISCH, also auch gekochter Schinken, Leberwurst oder Lyoner, sind okay. Die Keime werden durch Pökeln, Reifung, Hitze und Tiefgefrieren abgetötet.

EI, egal, ob roh, weich gekocht, pochiert oder in Spaghetti Carbonara oder Tiramisu, ist immer tabu. Nur hart gekocht ist es okay. Auch Wild und Geflügel müssen durchgegart sein! Essensreste immer schnell abkühlen lassen und im Kühlschrank aufbewahren; nicht warm halten, Essen nicht lange in der Wärme stehen lassen.

SICHER sind luftgetrockneter Schinken oder Salami, die über 6 Monate alt sind. Auch alte Rohmilch-Hartkäse wie Parmesan, Sbrinz oder Gruyère sind harmlos.

KEINE schimmeligen Lebensmittel essen, sondern wegwerfen, v. a. muffig riechende Nüsse, Brot- und Backwaren, Müslis und Getreideflocken. Kaufen Sie immer nur kleine Mengen oder frieren Sie Portionen ein. Schimmel auf Edelpilzkäse, Brie oder Camembert ist ungefährlich, v. a., wenn er erhitzt wird. Trotzdem die äußere Rinde lieber abschneiden.

Was kann ich tun gegen

ÜBELKEIT tritt im ersten Trimester häufig auf. Grund ist die Hormonumstellung. Nur für Untergewichtige ist das kritisch, weil sie keine Reserven haben. Erbrechen ist wegen des Verlusts von Flüssigkeit und Mineralstoffen riskant. Sie brauchen fürsorgliche Hilfe – sonst kann die Übelkeit zur anhaltenden Schwäche werden.

SODBRENNEN kann gegen Ende der Schwangerschaft auftreten: Die Pforte zwischen Magen und Speiseröhre schließt nicht mehr, das wachsende Kind drückt von unten. Die scharfen Magensäfte steigen nach oben (Reflux) und reizen die Speiseröhre.

VÖLLEGEFÜHL ist in den letzten Wochen natürlich und kann auch mit dem Reflux zusammenhängen. Essen Sie weniger, aber öfter. Dann erleiden Sie keinen Mangel.

STÄNDIG HUNGER, aber genug oder gar zu viel zugenommen? Echter Hunger beginnt langsam im Bauch, Appetit schlagartig im Mund. Erkennen Sie den Unterschied und zügeln oder überlisten Sie Ihren Appetit.

SÜSSHUNGER hat bei einer ausreichenden Ernährung nichts mit tatsächlichem Bedarf zu tun. Eher mit Belohnung, Gewohnheit und der lieben Umwelt. Und mit der Tatsache, dass Süßes Hunger auf Süßes macht.

DURCHFALL entzieht dem Körper Flüssigkeit und Mineralstoffe. Sofort zum Arzt und eine Infektion ausschließen. Genug trinken und Schonkost halten.

Rezepte, die helfen

MORGENS schon im Bett ein Glas heißes Wasser oder andere Getränke schluckweise trinken (Seite 15). Trockenes Gebäck oder Zwieback knabbern (Seite 48, 51), damit der Blutzuckerspiegel steigt. Viele, kleinere Mahlzeiten essen. Für ausreichend B-Vitamine sorgen. Bei Erbrechen zum Tee etwas Traubensaft und 1 Prise Salz geben.

GETRÄNKE ODER SUPPEN mit hohem Nährwert sind günstig, weil sie prima rutschen. Akut helfen 1 TL Milch, der Saft von 1 rohen Raspelkartoffel oder Senf, auch Kresse und Meerrettich. In jedem Fall nach einer Mahlzeit aufrecht bleiben: Das bremst den Reflux.

FLÜSSIGES passiert den Magen schnell und belastet wenig. Achten Sie auf eine hohe Nährstoffdichte (Seite 25, 62, 78, 108, 109, 115).

MEHR GEMÜSE Erhöhen Sie den Gemüseanteil im Essen (»gemüsige« Rezepte auf Seite 54, 60, 64, 122 und 126). Streichen Sie helles Brot, Zuckriges, Fast Food und süße Getränke. Essen Sie von einem kleineren Teller.

SAFT UND SÜSSE GETRÄNKE lieber streichen, ebenso Süßigkeiten. Statt dessen zwei Portionen Obst am Tag genießen, ballaststoffreiches Gebäck (Seite 33, 44–51) und gesunde Desserts (Seite 39, 40) essen oder ein paar Mandeln knabbern.

SCHWARZTEE hilft, auch Cola (in Maßen). Roh geriebener Apfel stopft. Zum Aufbauen Bouillon mit pürierten Möhren und Kartoffeln und kein Fett essen.

Was kann ich tun gegen

VERSTOPFUNG Hormone und die zunehmende Enge im Bauch bremsen die Verdauung. Das kann zu Hämorrhoiden führen, ist in jedem Fall unangenehm. Lassen Sie es nicht so weit kommen.

MÜDIGKEIT durch die hormonelle Umstellung ist in den ersten Monaten häufig. Später kann auch Eisenmangel der Grund sein: Das wird bei der Vorsorgeuntersuchung festgestellt.

MUSKELKRÄMPFE nachts in Wade oder Fuß können ein Zeichen für zu wenig Kalzium und Magnesium sein.

ÖDEME, also Wassereinlagerung im Gewebe, vor allem der Beine, sind normal, wenn sie nur im Laufe des Tages auftreten. Morgens Schwellungen, auch an Händen und im Gesicht, können eine Präeklampsie (Seite 145) anzeigen: ab zum Arzt!

KRAMPFADERN werden durch die erhöhte Blutmenge und den Druck von Uterus und Kind begünstigt – vor allem, wenn man viel zunimmt und unter Verstopfung leidet.

BLUTDRUCK Steigt er stark an, droht eine Präeklampsie: ab zum Arzt. Wer immer schon darunter leidet, sollte jetzt aufs Gewicht achten. Zu niedriger Blutdruck kann die Versorgung des Kindes verschlechtern – Anregung ist nötig.

Rezepte, die helfen

BALLASTSTOFFE: Vollkorn, Gemüse vor allem roh, Nüsse, Trockenpflaumen und -feigen, gelbe Leinsamen, Milchzucker statt Zucker. Dazu genug trinken, damit die Fasern quellen können – und bewegen Sie sich.

ATEMÜBUNGEN wirken wie eine Sauerstoffdusche, Bewegung ebenfalls. Essen Sie Vollkornbrot, Nüsse und Fleisch. Und gönnen Sie sich genügend Schlaf.

MILCHPRODUKTE, Kartoffeln, Nüsse, Vollkorn, besonders Hirse, Obst, speziell Datteln sowie Krabben gleichen den Mangel aus.

BEINE HOCHLEGEN, Wechselduschen der Beine und Bewegung helfen. Sitzen verstärkt die Ödeme. Auf keinen Fall weniger trinken oder den Salzkonsum einschränken: Das kann die Symptome verstärken und eine Gestose (Seite 145) auslösen.

BEINE HOCHLEGEN, bei Veranlagung Stützstrümpfe tragen, mäßig zunehmen, für eine gute Verdauung sorgen, viel Vitamin C und Omega-3-Fettsäuren essen.

ENTSPANNUNGSÜBUNGEN und mäßiger Salzkonsum helfen bei Bluthochdruck. Gegen niedrigen Blutdruck helfen viel Bewegung, kleine Mengen koffeinhaltiger Getränke und ausreichend Salziges – auf keinen Fall im Bett bleiben.

Vorsicht vor Schimmelpilz!

Wenn es schön feucht und warm ist, sprießt er schnell. Deshalb sind abgepackte Sprossen oft wahre Brutstätten für Pilze. Am besten ziehen Sie sich die Sprossen selber frisch. Sie müssen in jedem Fall vor der Zubereitung gründlich mit kaltem Wasser abgebraust werden. Doch auch Nüsse können Aflatoxine enthalten. Brotaufstriche, Obst oder Kuchen beginnen schnell zu schimmeln: deshalb immer im Kühlschrank aufbewahren.

Wie sicher sind unsere Lebensmittel?

GEMÜSE & OBST: Natürlich sind Bioprodukte am wenigsten mit Pestiziden belastet. Doch auch die Grenzwerte für konventionell erzeugte Produkte sind so niedrig, dass sie sicher sind. Das gilt vor allem für Produkte der Saison. Am besten mischen: Wurzel- und Blattgemüse, unter und über der Erde – dann ist das Risiko ausgeglichen.

FLEISCH: Auch hier gilt Entwarnung. Auf Leber sollten Sie allerdings verzichten, weil hohe Vitamin-A-Gehalte in Schlachttierlebern gefunden wurden – und das schadet dem Kind vor allem in der 3. bis 12. Woche. Leberwurst ist ab und zu erlaubt: Sie enthält nur zwischen 10 und 25 % Leber. Aber reichlich Fett, also dünn aufstreichen.

FISCH: Raubfische reichern in ihrem Gewebe Schadstoffe, vor allem das gefährliche Methylquecksilber (Seite 144), an. Thunfisch, aber auch Schwertfisch, Haifisch, Heilbutt, Aal, Hecht, Steinbeißer und Seeteufel sollten deshalb in Schwangerschaft und Stillzeit nicht verzehrt werden. Unbelastet sind Lachs, Hering, Makrele, Seelachs, Pangasius oder Forelle und alle Zuchtfische. Infos über ökologisch korrekten Fischkonsum finden Sie auf Seite 146.

Wie riskant sind Kräuter, Gewürze und Zusatzstoffe jetzt?

In kleinen Mengen zum Abschmecken sind alle diese Substanzen völlig unbedenklich. In hoher Konzentration wie in Aromaölen ist dagegen Vorsicht angesagt.
KRÄUTER: Petersilie, Liebstöckel und Weinraute regen die Durchblutung im Unterleib an: Große Mengen können wehenanregend wirken.
GEWÜRZE: Mehr als 100 mg Süßholzwurzel in Tees oder Lakritz können Wehen auslösen. Mehr als 50 g Lakritz oder 3 Tassen Tee mit Süßholz gelten als kritisch. Auch Fenchel-, Anis- und Zitronengrastee nicht literweise trinken.
ALGEN: Manche Sorten können so viel Vitamin A enthalten, dass es gefährlich wird.
ZUCKERAUSTAUSCHSTOFFE: Über 30 g können zu Blähungen und Durchfall führen. Aber sie regen die Verdauung an, beugen Verstopfung vor und machen keine Karies!

Diese Lebensmittel tun Ihnen besonders gut

DAS KÖNNEN SIE AUF VORRAT KAUFEN	FRISCHES, KONSERVE ODER TIEFKÜHLPRODUKTE	GEWÜRZE, KRÄUTER UND REFORMKOST

GETRÄNKE
Mineralstoffreiches Mineralwasser:
Empfehlenswert sind Wässer mit einem Gesamtgehalt an Mineralstoffen von mehr als 1500 mg/l; bei Sodbrennen bis 600 mg/l Hydrogencarbonat (HCO_3), am besten stilles Wasser.
alkoholfreies Weizenbier
Apfelsaftschorle
Rotbuschtee
Lapachotee
Himbeerblättertee
(vor der Entbindung)
koffeinfreier Kaffee
Instant-Malzkaffee

SÄTTIGUNGSBEILAGEN
Weizenvollkornmehl
Weizenmehl (Type 1050)
Vollkorngrieß
Vollkornbrot
Vollkornnudeln
Haferflocken (zarte und kernige)
Müsli-Zutaten
Vollkornreis (Instant)
Vollkorn-Milchreis
Quinoa, Graupen
Couscous, Polenta

FETTE & NÜSSE
Öle, v. a. Rapsöl
Margarine mit reichlich Omega-3-Fettsäuren, Butter
Walnusskerne
Mandeln
Sesamsamen
Kürbiskerne
Maronen

FISCH
Lachs
Seelachs
Schellfisch
Sardinen (Konserve)
Makrele (Konserve)

MILCHPRODUKTE
Milch & Joghurt mit 1,5 % Fett
Magerquark
alter Parmesan
pasteurisierter Käse mit bis zu 40 % Fett i. Tr.

GEMÜSE
Kartoffeln
Pastinaken
Möhren
Kürbis
Rote Beten
Kohlrabi
Topinambur
Spinat
Knollen- und Stangensellerie
Avocado
Bittersalate (Seite 146)
Tomaten (auch Dose)
Schwarzwurzel (auch Dose)
Artischocken (aus Dose)

OBST
Äpfel, Bananen
Birnen
Pflaumen
Aprikosen
Pfirsiche
Mango
Zitrusfrüchte
Beeren (auch TK)
Melone

GEWÜRZE
Ingwer (frische Wurzel)
Senf
Zimt (Ceylon-Zimt)
Gewürznelken, Vanille
Piment
Anissamen
Fenchelsamen
Kümmel
Kreuzkümmel
Currypulver
Bockshornkleesamen

KRÄUTER
Basilikum
Petersilie (kleine Menge)
Minze
Kresse
Dill
Rosmarin
Thymian

SPEZIALKOST
Weizenkeime
Hefeflocken
Carobpulver
Rohrrohrzucker, Ahornsirup
Johannisbrotkernmehl
Tahin (Sesampaste)
Mandelmus
Linsen
Kichererbsen

TROCKENFRÜCHTE
Datteln
Feigen
Pflaumen
Aprikosen
Rosinen

Carob-Cappuccino

FÜR 1 PORTION
1 Kardamomkapsel
200 ml Milch
 (1,5 % Fett)
1 TL Carobpulver

PRO PORTION: **100 kcal, 7 g EW, 3 g F, 11 g KH,** *ZUBEREITUNG:* **10 Min.**

1. Die Kardamomkapsel in einem Mörser andrücken oder mit einem Messer quetschen.
2. Die Milch in einen Topf geben und vorsichtig erwärmen. Kardamom zur Milch geben und 2 Min. darin ziehen lassen.
3. Alles durch ein Teesieb in ein Glas gießen und das Carobpulver unterrühren.

PLUSPUNKT: Johannisbrotkerne, die Grundsubstanz von Carob, schmecken wie Kakao, regen aber, anders als dieser, durch den hohen Ballaststoffgehalt die Verdauung an und sind frei von Koffein. Kardamom belebt zusätzlich den ganzen Stoffwechsel und beugt Magen-Darm-Störungen vor.

Ingwer-Quitten-Tee

FÜR 1 PORTION
1 Stück Ingwer
 (ca. 1 cm)
1 TL Quittengelee
 (s. Variante)

PRO PORTION: **30 kcal, 0 g EW, 0 g F, 7 g KH,** *ZUBEREITUNG:* **10 Min.**

1. Den Ingwer schälen und in dünne Scheiben schneiden.
2. 200 ml Wasser aufkochen und mit dem Ingwer ca. 5 Min. köcheln lassen. Dann den Tee durch ein Teesieb in eine Tasse gießen und mit dem Quittengelee süßen.

VARIANTE: Statt der zarten Quitte eignen sich auch einfach Honig, etwas Orangensaft oder das Mark von 1 Maracuja.
PLUSPUNKT: Ingwer wirkt durch seine ätherischen Öle entzündungshemmend und verdauungsfördernd. Außerdem vertreibt er Übelkeit und Muskelschmerzen.

gegen
Übelkeit

Jasmintee

beruhigend

FÜR 1 PORTION
**½ TL Blätter von
grünem Jasmintee
1 Stückchen Schale von
1 Bio-Zitrone (2 cm)
3–4 Blättchen Melisse**

PRO PORTION: **0 kcal, 0 g EW, 0 g F,
0 g KH,** *ZUBEREITUNG:* **8 Min.**

1. 200 ml Wasser zum Kochen bringen.
2. Die Zitrone waschen und die Schale
vorsichtig abreiben. Teeblätter und Zitronenschale mit dem Wasser überbrühen und
ca. 3 Min. ziehen lassen.
3. Alles durch ein Sieb in eine Tasse seihen.
Die Melisse waschen, in den Tee geben und
den Tee sofort heiß servieren.

EINKAUFSTIPP: Kaufen Sie am besten Tee mit Jasminblüten, den man
in guten Teeläden bekommt. Er schmeckt besonders blumig.
PLUSPUNKT: Melisse und Jasmin ergänzen sich nicht nur geschmack-
lich sehr gut. Sie helfen auch gut gegen Sodbrennen und wenn Sie
Probleme mit dem Einschlafen haben.

entspannend

Himbeerblättertee

FÜR 1 PORTION
**1–2 TL Himbeerblätter
1 EL Holunderblüten-
sirup**

PRO PORTION: **52 kcal, 0 g EW, 0 g F,
12 g KH,** *ZUBEREITUNG:* **10 Min.**

1. 150 ml Wasser aufkochen und die
Himbeerblätter damit übergießen. Alles
5–8 Min. ziehen lassen.
2. Den Tee durch ein Sieb in eine Tasse
gießen und mit Holundersirup süßen.

PLUSPUNKT: Dieser Tee sollte gegen Ende der Schwangerschaft
getrunken werden. Er wirkt krampflösend und entspannend. Himbeerblätter helfen, die Beckenmuskulatur zu lockern und wirken dadurch
sanft wehenfördernd. Holunderblüten regen den Stoffwechsel an.

Rote-Bete-Drink

FÜR 1 PORTION
100 ml Rote-Bete-Saft
50 ml Apfelsaft
50 ml spritziges
  Mineralwasser

PRO PORTION: **65 kcal, 1 g EW, 0 g F, 14 g KH,** *ZUBEREITUNG:* **5 Min.**

1. Den Rote-Bete-Saft mit dem Apfelsaft in einem großen Glas mischen.
2. Den Saft-Mix mit Mineralwasser auffüllen.

PLUSPUNKT: Rote Bete ist reich an Folsäure und Eisen. Diese beiden Nährstoffe sind besonders wichtig in der Schwangerschaft. Besonders wirkungsvoll ist Rote Bete frisch aus dem Entsafter.

reich an
Folsäure

Melissen-Kräuterwasser

FÜR 4 PORTIONEN
2–3 Stängel Melisse
1 Stück Schale von
  1 Bio-Zitrone

PRO PORTION: **0 kcal, 0 g EW, 0 g F, 0 g KH,** *ZUBEREITUNG:* **5 Min.,** *RUHEZEIT:* **30 Min.**

gegen
Übelkeit

1. 1 l Wasser in einen Krug füllen. Die Melisse waschen und mit der Zitronenschale in das Wasser geben.
2. Alles zusammen mindestens ca. 30 Min. im Kühlschrank ziehen lassen.

VARIANTE BASILIKUMWASSER: Tauschen Sie Melisse gegen frisches Basilikum. In der Schwangerschaft wirkt es krampflösend und beruhigend. In der Stillzeit fördert das Basilikumwasser die Milchsekretion.

Lapacho-Eistee

FÜR 4 PORTIONEN
2 EL Lapachoteeblätter
100 ml roter Trauben-
   saft
Beeren (nach
   Geschmack)
Zahnstocher
Eiswürfel

PRO PORTION: **35 kcal, 1 g EW, 0 g F, 8 g KH,** *ZUBEREITUNG:* **10 Min.,** *RUHEZEIT:* **50 Min.**

1. Die Teeblätter in 700 ml kochendes Wasser geben und 5 Min. köcheln lassen. Noch 15–20 Min. im Topf ziehen lassen. Dann den Tee durch ein Sieb in einen Krug füllen und abkühlen lassen.
2. Mit Traubensaft auffüllen und für ca. 30 Min. in den Kühlschrank stellen.
3. Die Beeren waschen und einzeln auf Zahnstocher stecken. In jedes Glas 2–3 Eiswürfel geben, mit Lapacho-Eistee aufgießen und mit Beeren dekorieren.

PLUSPUNKT: Lapachotee wird aus der inneren Rinde des Lapachobaumes gewonnen. Er liefert wertvolles Kalium, Kalzium und Eisen, enthält kein Koffein, wirkt anregend auf die Verdauung und besitzt stärkende Eigenschaften. Eine gesunde Alternative zu Bittergetränken oder Bowlen.

Heidelbeer-Smoothie

FÜR 1 PORTION
150 g Heidelbeeren
1 TL Tahin (Sesam-
   paste)
1 EL Weizenkeim-
   flocken
4 EL Naturjoghurt
   (1,5 % Fett)
2 EL Orangensaft
1 TL Milchzucker

PRO PORTION: **195 kcal, 6 g EW, 8 g F, 21 g KH,** *ZUBEREITUNG:* **10 Min.**

1. Die Heidelbeeren waschen und mit den restlichen Zutaten in einen Mixer geben.
2. Alles fein pürieren und in ein Glas füllen. Frisch zubereitet trinken.

PLUSPUNKT: Anthocyan, der blaue Farbstoff der Heidelbeere, sorgt für elastische Blutgefäße und unterstützt die Blutbildung. Außerdem wirken die Beeren entzündungshemmend, gegen Blähungen und gleichen die Verdauung aus. Die kleine Frucht schützt zusätzlich vor Stresswirkungen und freien Radikalen. Weizenkeimflocken liefern extraviele essenzielle Fettsäuren, zellschützendes Vitamin E und Folsäure. Tahin hat reichlich Eisen. Milchzucker und Joghurt regen die Verdauung an.

Dieser Müslimix macht fit für den Tag! Er ist reich an Ballaststoffen und unterstützt so hervorragend eine träge Verdauung. Haferflocken beruhigen den Magen und machen gleichzeitig glücklich. Weizenkeime enthalten Vitamin E und B sowie viele Spurenelemente und gesunde Fette. Amarant und Buchweizen liefern extraviele Mineralstoffe. Alle Getreidesorten ergänzen sich bestens in ihrem Eiweißmix.

gut für die Verdauung

Basis-Müslimix

FÜR 20 PORTIONEN
100 g Buchweizenkörner
100 g Haferflocken
50 g Weizenkeime
50 g gelbe Leinsamen
50 g Sesamsamen
100 g Amarant-Pops

Pro Portion
150 ml Milch oder Joghurt
(1,5 % Fett)
1 Handvoll rohes, klein
geschnittenes Obst
1 EL Honig oder Zucker

PRO PORTION (MIT MILCH): **95 kcal, 4 g EW, 3 g F, 12 g KH**
ZUBEREITUNG: **15 Min.**

1. Den Buchweizen in einer beschichteten Pfanne ohne Fett rösten. Dann mit den Flocken, Keimen, Samen und Amarant mischen und in einem gut verschließbaren Schraubglas aufbewahren.
2. Für eine Portion Müsli 4 EL Flockenmischung mit Milch oder Joghurt, dem Obst und dem Honig mischen.

ZUBEREITUNGSTIPPS:
Anregend Mit Beeren, zusätzlich 1–2 EL gehackten Mandeln, ½ TL gehacktem Ingwer und 1 TL purem Kakaopulver zubereiten.
Wärmend Milch mit Honig erwärmen, 1–2 EL gehackte Walnusskerne zum Müsli geben, mit 1 TL Carobpulver und etwas Zimt aromatisieren.
Verdauungsfördernd Statt Milch Joghurt oder Molke nehmen, statt Honig Milchzucker, zusätzlich 3 gehackte Trockenpflaumen.
Immunstärkend 2 EL getrocknete Cranberrys, 1 EL Acerolakirschsaft, 1 EL süßer Sanddornsaft und 1 EL Sonnenblumenkerne dazugeben.
Für schöne Haut & Haare Buchweizen durch Hirseflocken ersetzen, zusätzlich ½ TL Borretschöl und 1–2 EL Hefeflocken dazugeben. Statt Milch Sojajoghurt und frische Mango als Obst verwenden.

Erdbeer-Luxusschnitte

FÜR 1 PORTION
1 große Scheibe
  Grahambrot
1–2 EL Dijonnaise
  (s. unten)
1–2 Salatblätter
2 Scheiben gegarte
  Hähnchenbrust
1 Handvoll Erdbeeren
1 TL Crema di
  Balsamico

PRO PORTION: 435 kcal, 26 g EW, 7 g F, 20 g KH, *ZUBEREITUNG:* **10 Min.**

1. Die Brotscheibe mit Dijonnaise bestreichen. Die Salatblätter waschen, trocken schütteln, darauflegen und andrücken.
2. Die Hähnchenbrust auf die Brote legen. Die Erdbeeren waschen und putzen. 4–5 Beeren halbieren und aufs Brot legen. Das Brot mit Crema di Balsamico beträufeln und mit den übrigen Erdbeeren essen.

PLUSPUNKT: Dijonnaise enthält Mayonnaise mit gesundem Öl und Senf, der gegen Sodbrennen wirkt. Sie können Mayo und Senf auch selber mischen. Erdbeeren sind Folsäure-Schatzkammern: Essen Sie sie täglich, wenn Saison ist. Hähnchenbrust macht durch Eiweiß satt.

Hühnerstreich-Stulle

FÜR 1 PORTION
50 g gegarte Hähnchen-
  brust
30 g Walnusskerne
1 EL Schmand
Salz, Currypulver
½ Bund Rucola
½ Nektarine oder
  Pfirsich
1 Scheibe Vollkorntoast
  oder Knäckebrot

PRO PORTION: 415 kcal, 19 g EW, 26 g F, 23 g KH, *ZUBEREITUNG:* **10 Min.**

1. Die Hähnchenbrust klein schneiden, mit Walnüssen und Schmand mit dem Stabmixer pürieren. Mit Salz und Curry abschmecken.
2. Den Rucola und die Nektarine waschen und trocken tupfen. Rucola hacken und unter die Hühnercreme ziehen.
3. Die Brotscheibe mit dem Hühnerstreich bestreichen. Nektarine in Spalten schneiden und darauf verteilen.

VARIANTEN: Statt Hähnchenbrust ist jeder Bratenrest geeignet. Schmeckt auch mit Kasseler oder Schinken. Statt Pfirsich eignen sich auch Nektarine, Aprikosen, Mango, Orange oder kleine Weintrauben.
PLUSPUNKT: Eiweiß satt kommt von Geflügel und Nüssen, dazu wertvolles Fett und knackige Vitamine aus Pfirsich und Salat.

Erfrischungs-Sandwich

FÜR 1 PORTION
1 Stück Ingwer (1 cm)
1 kleine junge Möhre
2 Walnusskerne
1 TL Honig
2 EL Orangensaft
1 EL Margarine
2 Scheiben Dinkelbrot
 (à 50 g)
Pfeffer
2–3 Salatblätter
2 Scheiben Puten-
 schinken

PRO PORTION: **445 kcal, 17 g EW, 17 g F, 55 g KH,** *ZUBEREITUNG:* **10 Min.**

1. Ingwer und Möhre schälen, grob zerteilen und mit den Nüssen, dem Honig, dem Orangensaft und der Margarine in einem hohen Rührbecher mit dem Stabmixer zu einer streichfähigen Creme pürieren.
2. Die Möhrencreme auf die Brotscheiben streichen. Mit Pfeffer übermahlen. Die Salatblätter waschen und trocken schütteln, auf den Broten verteilen. Mit Putenschinken belegen und die Brote zusammenklappen.

PLUSPUNKT: Achten Sie auf eine Margarine mit vielen Omega-3-Fettsäuren (4 g/100 g). Diese ergänzen sich mit den Walnüssen bestens, und das kommt Ihrem Kind zugute. Möhren sorgen für Ballaststoffe und Karotin, die Pute für Eiweiß, Ingwer macht's besser verträglich.

Italienisches Sandwich

FÜR 1 PORTION
2 Scheiben Vollkorn-
 toast
2 getrocknete Tomaten
2 EL frisch geriebener
 Parmesan (ca. 20 g)
1 EL gemahlene
 Mandeln
3 EL Magerquark
Salz, Pfeffer
4 eingelegte Arti-
 schockenherzen (Glas)

PRO PORTION: **295 kcal, 21 g EW, 13 g F, 21 g KH,** *ZUBEREITUNG:* **10 Min.**

1. Die Toastscheiben im Toaster leicht anrösten. Tomaten in feine Würfel schneiden, mit Parmesan, Mandeln, Quark, Salz und Pfeffer mischen. Die Paste auf beide Toastscheiben streichen.
2. Artischockenherzen abtropfen lassen, in Viertel schneiden und auf beide Brote verteilen. Die Brote nach Wunsch zusammenklappen.

VARIANTE: Statt Artischocken ca. 1 TL Kapern (nach Geschmack) oder eingelegte Peperoni auf das Sandwich legen.
PLUSPUNKT: Vollkorn und Eiweiß machen lange satt. Parmesan enthält mehr Kalzium als jeder andere Käse; Artischocken beruhigen den Magen und wirken gegen Sodbrennen.

Diese Idee aus Japan ist für den Arbeitsplatz wunderbar: Sie packen wohltuende Snacks in kleine Abteile. Zusammen mit einem frischen Brötchen haben Sie dann eine vollwertige Mahlzeit. Ein Smoothie aus dem Mixer rundet alles ab. So bekommen Sie reichlich Rohkost, Eiweiß und Ballaststoffe. Natürlich kann man auch alles in herkömmliche Brotzeitboxen packen.

gegen Stress

Bentobox mit Smoothie

FÜR 1 BENTOBOX
1 Ei
Salz, Pfeffer
½ TL Öl
1 EL Pesto (Glas)
1 EL frisch gehackte Kräuter
2 Datteln
1 Saftorange
1 EL Magerquark
1 EL gehackte Nüsse
1 EL Haferflocken
1 Prise Zimtpulver
10 Weintrauben
100 g Gouda
1 Handvoll Kirschtomaten
1 Mini-Brötchen
1 junge Möhre
1 Stück Ingwer (1 cm)
Holzspieße

PRO BOX: **760 kcal, 47 g EW, 38 g F, 56 g KH**
ZUBEREITUNG: **35 Min.**

1. Das Ei in ein Schälchen schlagen, verquirlen, salzen und pfeffern. In einer beschichteten Pfanne wenig Öl erhitzen und das Ei darin bei mittlerer Hitze zum Omelett backen. Herausnehmen und abkühlen lassen. Mit Pesto bestreichen, mit Kräutern bestreuen, eng zusammenrollen, in Scheiben schneiden und in ein Bentofach packen.

2. Die Datteln längs aufschneiden und entsteinen. Die Orange auspressen. Den Quark mit Nüssen, Haferflocken, 1 TL Orangensaft und Zimt mischen, in die Datteln füllen und diese ebenfalls in ein Fach packen.

3. Die Trauben waschen, den Käse in 10 Würfel schneiden. Jeweils 1 Traube mit 1 Käsewürfel auf Holzspießchen stecken. Die Spieße in das dritte Fach packen. Die übrigen Fächer mit Tomaten und dem Brötchen füllen.

4. Die Möhre waschen, putzen und klein schneiden. Mit dem übrigen Orangensaft pürieren. Den Ingwer schälen und mit der Knoblauchpresse in den Saft drücken. Den Saft in eine dicht schließende Flasche füllen. Bentobox und Saft bis zum Verzehr kühl stellen.

BENTOBOX ist die japanische Variante der klassischen Brotdose. Diese Dose ist zusätzlich in einzelne Fächer aufgeteilt.

VARIANTEN: **Statt gefüllter Datteln** Fruchtbusserl oder Lebkuchen (Seite 51). **Statt Käse-Trauben-Spießen** Beeren mit Walnüssen oder Mandeln, Mini-Mozzarella mit Kirschtomaten, Oliven mit Mini-Salami. **Statt Kräuterei** hartgekochtes Ei, evtl. gefüllt mit Dotter-Kapern-Senf-Mix, Spargel-Schinkenröllchen, gegarte Hühnerbrust mit Mayo. **Statt Minibrötchen** Schwarzbrotwürfel, Knäckebrottaler oder einfache Reste von Nudelsalat oder Reissalat. **Und sonst** Smoothie oder Molkedrink aus dem Kühlregal.

Dunkles Mehl und Haferflocken sind reich an Mineral- und Ballaststoffen. Ingwer hilft gegen Übelkeit und regt mit den Pastinaken und den Aprikosen auf gesunde Weise die Verdauung an. Quark verfeinert die Brötchen mit hochwertigem Eiweiß, und Rapsöl steuert gesunde Fettsäuren bei: ein vollwertiger Snack für unterwegs, der optimal mit einer Obstportion ergänzt wird. Auch als Frühstück ideal.

gegen
Übelkeit

Pastinaken-Ingwer-Brötchen

FÜR 16 STÜCK
150 g Pastinaken oder Möhren
30 g getrocknete Aprikosen
200 g Weizenmehl (Type 1050)
3 TL Backpulver
½ TL Salz
2 EL Zucker
100 g zarte Haferflocken
200 g Magerquark
1 Ei
6 EL Rapsöl (60 ml)
1 Stück Ingwer (4 cm)
2 EL Kernmix
Backpapier

PRO PORTION: **145 kcal, 5 g EW, 6 g F, 17 g KH**
ZUBEREITUNG: **30 Min.** *BACKZEIT:* **20 Min.**

1. Die Pastinaken waschen, putzen, wenn nötig, schälen und auf einer Rohkostreibe fein raspeln. Die Aprikosen fein hacken.
2. Mehl, Backpulver, Salz, Zucker und Haferflocken in einer Schüssel mischen. Pastinakenraspel, Aprikosenstückchen, Quark, Ei und Öl dazugeben und alles zu einem Teig verkneten. Den Ingwer schälen und mit der Knoblauchpresse in den Teig pressen.
3. Den Backofen auf 180° (Umluft 160 °) vorheizen. Ein Backblech mit Backpapier auslegen. Den Teig durchkneten und mit nassen Händen zu 16 Brötchen oder Stangen formen, diese aufs Blech legen. Die Oberflächen mit einem Messer einschneiden und Kernmix darüberstreuen. Die Brötchen im Backofen (Mitte) ca. 20 Min. backen.

VARIANTEN: Gehaltvoller werden die Brötchen mit 50 g gehackten Nüssen oder Kernen. Gegen Darmträgheit 50 g gelbe Leinsamen mit verarbeiten. Statt Pastinaken passen auch Kürbis oder Rote Bete. Noch magenmilder werden die Brötchen mit 1 Msp. Kümmel- oder Fenchelsamen.

TIPP – QUARK-ÖL-GEBÄCK: Es schmeckt am besten frisch, ist aber auch am zweiten Tag noch sehr gut. Bei längerer Lagerung Brötchen lieber einfrieren, portionsweise auftauen und auf dem Toaster aufbacken.

Für Schwangere, die Kuhmilch nicht gut vertragen, sind diese zwei Brotaufstriche besonders gut geeignet. Sie sind beide reich an Eiweiß und unterstützen so das Zell- und Knochenwachstum Ihres Kindes. Senf und Thymian in der Käsecreme wirken gegen Sodbrennen und Infektionen, Basilikum im Tofu gegen Blähungen. Sesam ist eisenreich, und Tomaten enthalten viel Lycopin für den Zellschutz.

Ziegenkäsecreme mit Honig

FÜR 6 PORTIONEN
2 Frühlingszwiebeln
1 Zweig Thymian
200 g Ziegenfrischkäse (s. Tipp)
1 TL Honig
3 TL grober scharfer Senf
2 EL Rapsöl
Salz | Pfeffer

PRO PORTION: **140 kcal, 6 g EW, 12 g F, 2 g KH**
ZUBEREITUNG: **10 Min.**

1. Die Frühlingszwiebeln putzen, waschen und samt den grünen Blättern in feine Ringe schneiden. Den Thymian waschen und trocken tupfen, die Blättchen abzupfen und hacken.
2. Den Ziegenfrischkäse in eine Schüssel geben, mit Zwiebeln, Thymian, Honig, Senf und Öl cremig rühren. Die Creme mit Salz und Pfeffer abschmecken.
3. Die Creme hält sich gut verschlossen im Kühlschrank ca. 1 Woche.

EINKAUFSTIPP – FRISCHKÄSE: **Kaufen Sie abgepackten Frischkäse. Offener Käse aus der Frischetheke kann mit Listerien (s. Seite 17) belastet sein.**

Tofu mediterran

FÜR 4 PORTIONEN
1 Bund Basilikum
1 Knoblauchzehe
200 g Seidentofu
2 EL Olivenöl
4 getrocknete Tomaten
1 TL ungeschälte Sesamsamen
Salz | Pfeffer

PRO PORTION: **90 kcal, 3 g EW, 8 g F, 2 g KH**
ZUBEREITUNG: **15 Min.**

1. Basilikum waschen, trocken schütteln und die Blätter abzupfen. Knoblauch schälen und fein hacken. Tofu grob zerkleinern. Alles mit Olivenöl in der Küchenmaschine fein hacken.
2. Die Tomaten fein schneiden. Die Sesamsamen in einer beschichteten Pfanne ohne Fett bei mittlerer Hitze anrösten, bis sie duften. Sesam mit den Tomatenstücken unter den Tofu heben. Die Creme mit Salz und Pfeffer würzen.

PRAXISTIPP – SEIDENTOFU: **Er ist in der Konsistenz feiner und weicher als normaler Tofu. Der Aufstrich wird so cremiger.**

So wird Ihr Vollkornbrot zum Fitmacher: Unter den Aufstrichen ist kein Streichfett mehr nötig – beide Aufstriche enthalten bereits besonders gesundes Fett mit vielen Omega-3-Fettsäuren. Sanddorn liefert Vitamin C, Möhren haben Beta-Karotin. Ballaststoffe werden durch Nüsse, Mandeln, Datteln und Carob beigesteuert.

stimmt
positiv

Nussige Sanddorncreme

FÜR 10 PORTIONEN (CA. 360 G)
100 g Walnusskerne
1 Stück Vanilleschote (2–3 cm)
1 junge Möhre (100 g)
3 EL Sanddornmark, gesüßt
100 g Margarine
Honig nach Belieben

PRO PORTION: **110 kcal, 2 g EW, 10 g F, 3 g KH**
ZUBEREITUNG: **20 Min.**

1. Die Walnüsse in einer beschichteten Pfanne ohne Fett kurz anrösten, bis sie duften. Die Vanilleschote längs aufschlitzen und das Mark herauskratzen. Die Möhre schälen und auf einer Reibe klein raspeln.
2. Die Nüsse mit Vanille- und Sanddornmark in eine Schüssel geben und mit dem Stabmixer pürieren.
3. Die Möhrenraspel und das Nusspüree unter die Margarine ziehen. Nach Bedarf mit Honig etwas nachsüßen. Die Creme ist im Kühlschrank bis zu 1 Woche haltbar.

> *VARIANTE:* Statt Sanddornmark passen auch Honig, Dattelmus oder Hagebuttenmark in die Creme.

Dattel-Mandel-Creme

gut für die
Verdauung

FÜR 10 PORTIONEN (CA. 300 G)
140 g Datteln
70 g ungeschälte Mandeln
2 EL Honig
2 EL Carobpulver
Zimtpulver

PRO PORTION: **95 kcal, 2 g EW, 4 g F, 13 g KH**
ZUBEREITUNG: **15 Min.**

1. Datteln halbieren und entsteinen. Mandeln in einem Sieb waschen. 150 ml Wasser in einem kleinen Topf mit den Mandeln aufkochen.
2. Mandeln vom Herd nehmen und die Dattelhälften hinzufügen. Alles (mit der Flüssigkeit) mit dem Stabmixer pürieren. Honig unterrühren, eventuell noch etwas Wasser dazugeben, sodass die Paste streichfähig wird. Carobpulver und 1 Prise Zimt unter die Masse heben.
3. Die Dattel-Mandel-Creme in ein Schraubglas füllen und im Kühlschrank aufbewahren. Sie hält sich ca. 3 Wochen.

> *VARIANTEN:* Statt mit Mandeln schmeckt die Creme auch mit Wal- oder Haselnüssen; diese am besten vorher anrösten. Zusätzlich etwas Vanillemark macht den Aufstrich milder.

Stillen Sie Ihren Süßhunger auf vollwertige Art: Eiweiß tut Ihnen und Ihrem Baby sehr gut und macht richtig satt. Früchte, vor allem Beeren, enthalten viele Antioxidantien und Ballaststoffe. Auch Schwarzbrot regt die Verdauung an. Mit Zucker und Schokolade lieber sparsam sein: Sie wirken stopfend.

Pfirsich-Kirsch-Tiramisu

reich an Eiweiß

*FÜR 2 PORTIONEN
(FORM MIT 1 L INHALT)*

1 großer Pfirsich
1 kleines Glas Schattenmorellen
(ca. 340 g Abtropfgewicht)
200 g Magerquark
1 Pck. Vanillezucker
100 g Schwarzbrot oder
Pumpernickel
2 Stück dunkle Schokolade

PRO PORTION: **290 kcal, 18 g EW, 3 g F, 43 g KH**
ZUBEREITUNG: **30 Min.** *KÜHLZEIT:* **1 Std.**

1. Den Pfirsich waschen, halbieren, entkernen und in Würfel schneiden. Die Schattenmorellen in ein Sieb abgießen und den Saft dabei auffangen. Obst in eine Schüssel geben.
2. Den Quark mit etwas Kirschsaft und Vanillezucker zu einer glatten Creme aufschlagen.
3. Das Schwarzbrot fein zerbröseln, die Schokolade fein reiben und unter die Brotbrösel mischen.
4. Schichtweise etwas Schokoladen-Brot-Mischung, dann Obst mit Saft, Quark, wieder Schokoladen-Brot-Mischung und Obst in eine Schüssel einschichten, mit Quark enden. Das Tiramisu für ca. 1 Std. kalt stellen. Nach Belieben mit Pfirsich dekorieren.

laktosefrei

Fruchtige Tofu-Kokos-Creme

*FÜR 2 PORTIONEN
(FORM MIT 1 L INHALT)*

200 g Seidentofu
½ Bio-Zitrone
150 g Himbeeren (frisch oder TK)
1 Banane
100 g Kokosmilch
Zucker nach Geschmack
1 EL Kokosflocken

PRO PORTION: **250 kcal, 8 g EW, 12 g F, 26 g KH**
ZUBEREITUNG: **30 Min.** *KÜHLZEIT:* **30 Min.**

1. Den Seidentofu grob schneiden. Die Zitrone waschen, die Schale dünn abreiben, den Saft auspressen.
2. Die Himbeeren säubern, wenn nötig, kurz abbrausen. Die Banane schälen, grob in Stücke schneiden, in einen Rührbecher geben und mit dem Zitronensaft beträufeln.
3. Tofu, Kokosmilch und Banane mit dem Stabmixer ganz glatt pürieren. Die Himbeeren vorsichtig unterheben und die Creme eventuell mit etwas Zucker süßen.
4. Die Masse in eine Schüssel geben, mit Kokosflocken bestreuen und im Kühlschrank ca. 30 Minuten ziehen lassen.

So lässt sich der Hunger auf Süßes gesund bekämpfen: Der Milchreis (er schmeckt warm und kalt) wirkt entwässernd durch viel Kalium. Das Tabouleh hat Ballaststoffe und gesunde Fette. Beide liefern mit den Milchprodukten Eiweiß und Kalzium und machen auf leichte Art satt. Ergänzt wird der süße Genuss mit viel Vitamin C von Erdbeeren und Pflaumen.

Beerentabouleh mit Quark

erfri- schend

FÜR 2 PORTIONEN

30 g gemahlene Mandeln
70 g Couscousgrieß
2 Bio-Saftorangen
1 EL Rapsöl
250 g Erdbeeren (ersatzweise
Obst nach Geschmack)
1 kleines Bund Minze
200 g Magerquark
2 EL Zucker

PRO PORTION: **495 kcal, 22 g EW, 15 g F, 64 g KH**
ZUBEREITUNG: **20 Min.**

1. Die Mandeln mit dem Couscous mischen. Die Orangen waschen und trocken tupfen. Von 1 Orange die gesamte Schale dünn abreiben und beide Orangen auspressen. 150 ml Orangensaft mit 1 Msp. Schale und dem Öl unter den Couscous ziehen und den Couscous zugedeckt zum Quellen beiseitestellen.
2. Die Erdbeeren putzen, waschen und in mundgerechte Stücke teilen. Minze waschen, Blättchen abzupfen. Beides zum Couscous geben, aber ein paar Beeren und Blättchen zur Dekoration beiseite legen.
3. Den Quark mit dem restlichen Saft, der übrigen Orangenschale und Zucker cremig aufschlagen. Den Salat mit Minze und Beeren garnieren und mit dem Quark servieren.

ganz einfach

Milchreis mit Pflaumenkompott

FÜR 2 PORTIONEN

600 ml Milch (1,5 % Fett)
120 g Milchreis
250 g Pflaumen
100 ml Traubensaft
1 Msp. Zimtpulver
2 EL Vanillepuddingpulver
2 EL Honig

PRO PORTION: **545 kcal, 15 g EW, 6 g F, 105 g KH**
ZUBEREITUNG: **40 Min.**

1. Einen Topf mit kaltem Wasser ausschwenken. ½ l Milch darin zum Kochen bringen. Den Reis einrühren und zugedeckt bei kleiner Hitze ca. 30 Min. köcheln lassen. Ab und zu umrühren.
2. Die Pflaumen waschen, halbieren, entkernen und vierteln. Dann in einem Topf mit dem Traubensaft einmal aufkochen, Zimt hinzugeben und alles bei kleiner Hitze ca. 5 Min. köcheln lassen.
3. Puddingpulver mit 100 ml Milch und Honig glatt rühren und unter den Reis mischen. 5 Min. ausquellen lassen.

VARIANTEN: **Als Kompott schmecken auch Äpfel, Birnen oder Quitten; oder roher Obstsalat aus Beeren, Mango, Melone und anderen weichen Früchten. Schokofans nehmen Schokoladenpuddingpulver.**

Viel Frucht, Nüsse und Frischkäse, wenig Zucker und Teig: Der Strudel ist eine rundum leichte süße Hauptmahlzeit, zu der eine Vanillesauce zusätzlich Eiweiß und Kalzium liefert. Johannisbrotkernmehl ist ein natürliches Verdickungsmittel, mit dem man, wie hier, sehr gut Hühnereier ersetzen kann. Zusätzlich senkt es durch viele Ballaststoffe den Blutzucker- und Cholesterinspiegel.

einfach lecker

Apfel-Himbeer-Strudel

FÜR 6 PORTIONEN
150 g Frischkäse
4 EL Rohrzucker
1 TL Zimtpulver
500 g Äpfel
50 g Walnusskerne
50 g Butter
3 Blätter Filoteig (ca. 300 g)
150 g Himbeeren
(frisch oder TK)
Backpapier

PRO PORTION: **425 kcal, 10 g EW, 22 g F, 46 g KH**
ZUBEREITUNG: **30 Min.** *BACKZEIT:* **30 Min.**

1. Backofen auf 180° vorheizen. Backblech mit Backpapier auslegen.
2. Den Frischkäse mit Zucker und Zimt cremig rühren. Äpfel waschen, in Viertel schneiden, entkernen und mit den Nüssen grob hacken. Unter den Frischkäse ziehen.
3. Butter mit 2 EL Wasser schmelzen. 1 Filoteigblatt auf ein angefeuchtetes Küchenhandtuch legen und gut mit etwas geschmolzener Butter bestreichen, dabei ca. 5 cm Rand frei lassen. Diesen Vorgang mit allen Blättern wiederholen und anschließend alle Filoteigblätter etwas versetzt in Backblechgröße aufeinanderlegen.
4. Die Frischkäse-Frucht-Masse auf dem Teig verteilen. Die Beeren (frisch bzw. gefroren) darüberstreuen, auch 5 cm Rand frei lassen.
5. Die Längsseiten des Teigs nach innen schlagen. Die Teigplatte mithilfe des Küchentuchs zu einem Strudel aufrollen und auf das Backblech legen.
6. Den Strudel mit der restlichen Butter bestreichen. Im Backofen (Mitte, Umluft 160°) 30 Min. backen.

VANILLESAUCE (FÜR 6 PORTIONEN): 1 Prise Safran in 1 TL heißem Wasser auflösen. 600 ml Milch, 1 Pck. Vanillezucker, 2 EL Rohrzucker und 2 TL Johannisbrotkernmehl miteinander verquirlen, bis sich der Zucker aufgelöst hat. Alles in einen Topf geben, bei kleiner Hitze erwärmen, einmal aufkochen und zum Strudel servieren. In 10 Min. ist diese Sauce fertig, sie hält sich im Kühlschrank 4 Tage.

PRAXISTIPP: Die mit Wasser gemischte Butter zum Bestreichen muss man immer wieder verrühren, weil sich die Mischung trennt. Der Sinn dahinter ist, Fett zu sparen.

Wenn Muffins oder anderes Gebäck viel Frucht, Nüsse oder Milchprodukte sowie gesundes Getreide enthalten, sind sie eine Alternative zu einem Sandwich. Vor allem sind sie ein gesundes Mittel gegen Süßhungerattacken. Im Sommer eignen sich auch Kirschen, Pflaumen, Mirabellen oder Heidelbeeren. Im Winter passen auch Mango, Ananas oder Apfel.

stimmen positiv

Sommer-Muffins

ZUTATEN FÜR 6 MUFFINS

8 kleine Aprikosen
1 Stück Ingwer (3 cm)
1 Ei
Salz
50 ml Rapsöl
50 g Rohrzucker
125 g Dinkelmehl
1 ½ TL Backpulver
50 g Sesamsamen
1 Muffinblech mit 6 Mulden
6 Papierbackförmchen

PRO STÜCK: **260 kcal, 6 g EW, 14 g F, 27 g KH**
ZUBEREITUNG: **15 Min.** *BACKZEIT:* **30 Min.**

1. Den Backofen auf 180° vorheizen. Die Papierförmchen in die Mulden des Muffinbleches setzen. Die Aprikosen waschen, halbieren und entsteinen. Den Ingwer schälen und mit 4 Aprikosenhälften im Blitzhacker zerkleinern.
2. Das Ei trennen. Eiweiß mit 1 Prise Salz steif schlagen. Eigelb mit Öl und Rohrzucker verquirlen. Aprikosen-Ingwer-Mix, Mehl, Back-pulver und 40 g Sesamsamen mischen und unter das Eigelb ziehen.
3. Den Eischnee unterheben und den Teig auf die Förmchen vertei-len. Je 2 Aprikosenhälften in den Teig drücken, mit Sesam bestreuen. Muffins im Backofen (unten, Umluft 160°) 25–30 Min. backen.

Winter-Muffins

reich an Eiweiß

FÜR 6 MUFFINS

1 reife Kaki
1 Bio-Zitrone
125 g Mehl (Type 1050)
1 gehäufter TL Backpulver
1 Ei (M)
75 g Zucker
100 g Magerquark
40 ml Rapsöl
1 Muffinblech mit 6 Mulden
6 Papierbackförmchen

PRO STÜCK: **220 kcal, 6 g EW, 8 g F, 30 g KH**
ZUBEREITUNG: **20 Min.** *BACKZEIT:* **30 Min.**

1. Den Backofen auf 180° vorheizen. Die Papierförmchen in die Mul-den des Muffinbleches setzen. Kaki dünn abschälen und würfeln. Die Zitrone mit heißem Wasser gut abwaschen, trocknen und die Schale dünn abreiben. Den Saft auspressen.
2. Mehl und Backpulver mischen. Ei, Zucker, Quark, Öl, Zitronen-schale und -saft sowie Kakistückchen bis auf einige für das Topping miteinander verrühren und unter das Mehl heben. Den Teig in die Muffinförmchen füllen. Mit den restlichen Kakiwürfeln bestreuen.
3. Die Muffins im Backofen (Mitte, Umluft 160°) 25–30 Min. backen.

TIPP – MUFFINFORMEN: Wenn Sie öfters Muffins backen, lohnt sich die Anschaffung von wiederverwendbaren Silikonförmchen.

Im Bild links: Sommer-Muffins | rechts: Winter-Muffins

Mit gesundem Fett, ballaststoffreichem Mehl, viel Frucht und mäßig Zucker kann dieser Kuchen eine Mahlzeit ersetzen – vor allem, wenn es die eiweißreiche Kokos-creme dazu gibt. Zudem ist er ideal für den Vorrat: Den Kuchen in Stücken einfrie-ren und bei Bedarf entnehmen und auftauen.

laktosefrei

Mangokuchen

FÜR 1 BLECH (12 STÜCK)
300 g Mehl (Type 1050)
1 ½ TL Backpulver
4 Eier
150 g Rohrzucker
100 ml Rapsöl
1 Bio-Orange (200 g)
2 Mangos (à ca. 250 g)
2–3 EL Kokosflocken

PRO STÜCK: **270 kcal, 5 g EW, 11 g F, 37 g KH**
ZUBEREITUNG: **40 Min.** *BACKZEIT:* **35 Min.**

1. Den Backofen auf 200° vorheizen. Mehl und Backpulver mischen. Die Eier trennen. Die Eiweiße steif schlagen. Die Eigelbe mit dem Zucker cremig rühren, das Öl und den Mehl-Mix dazugeben und alles gut unterrühren.
2. Die Orange heiß abwaschen, die Schale abreiben und zum Teig geben. Den Saft auspressen, in den Teig rühren. Den Eischnee vorsichtig unterheben. Den Teig auf ein mit Backpapier ausgelegtes Backblech geben und mit einer Teigkarte gleichmäßig verteilen.
3. Die Mangos mit einem Sparschäler schälen und das Fruchtfleisch vom Kern schneiden. Das Fruchtfleisch in 1 cm große Würfel schnei-den und auf dem Teig verteilen, mit Kokosflocken bestreuen.
4. Den Kuchen im Backofen (Mitte, Umluft 180°) in 30–35 Min. goldgelb backen. Vor dem Servieren mit Puderzucker bestäuben.

BEILAGENTIPP – QUARK-KOKOS-CREME: 250 g Magerquark mit 165 ml fettarmer Kokosmilch und 1–2 EL Zucker zu einer Creme schlagen. Reichen Sie diese statt Sahne zum Kuchen.

VARIANTEN: Statt Mango eignen sich auch Ananas, Zwetsch-gen oder Äpfel für den Kuchen. Statt Kokos passen auch gehackte Pistazien oder Mandelblättchen. Und statt Kokosmilch im Quark Multivitaminsaft.

Dieses süße Wohlfühlbrot wärmt und beruhigt gleichermaßen. Es ist reich an Ballast-stoffen durch Vollkorn, Carob, Maronen und Nüsse: Das regt die Verdauung an und macht satt. Außerdem ist es ausgesprochen magenmild. Für Schokoholics eine wohl-tuende Alternative. Schmeckt pur, mit Butter oder Margarine und Honig. Vorgegarte Maronen bekommt man eingeschweißt in der Gemüseabteilung.

wärmend

Mildes Kastanienbrot

FÜR 1 KASTENFORM
(28 X 11 CM; 22 SCHEIBEN)

200 g Maronen (gegart; Fertigprodukt)
100 g Haselnusskerne
4 Eier
120 g Rohrzucker
Salz
100 g Magerquark
3 EL Carobpulver
250 g Weizen-Vollkornmehl
2 TL Backpulver
200 ml Orangensaft
Rapsöl für die Form

PRO STÜCK: **125 kcal, 4 g EW, 4 g F, 17 g KH**
ZUBEREITUNG: **30 Min.** *BACKZEIT:* **55 Min.**

1. Den Backofen auf 180° vorheizen. Eine Kastenform mit etwas Öl einfetten. Maronen und Haselnüsse fein hacken.
2. Die Eier trennen, Eigelbe mit Zucker cremig rühren. 1 Prise Salz, Maronen, Haselnüsse, Magerquark und Carob dazugeben.
3. Das Mehl mit Backpulver mischen und abwechselnd mit dem Orangensaft unter den Teig rühren. Die Eiweiße steif schlagen und vorsichtig unterheben.
4. Den Teig in die Form füllen und das Brot im Backofen (Mitte, Umluft 160°) ca. 55 Min. backen. Das fertige Brot herausnehmen und vor dem Verzehr etwas abkühlen lassen.

VARIANTEN: Die Haselnüsse können Sie gegen Walnüsse oder Mandeln austauschen. Statt Orangensaft schmeckt auch Apfel- oder Traubensaft.

TIPP – HALTBARKEIT: Den Kuchen können Sie in einer gut verschließbaren Dose bis zu 2 Wochen aufheben. Einfach in den Kühlschrank oder in einen kalten Raum stellen.

PLUSPUNKT: Maronen, auch Maroni oder Esskastanien genannt, enthalten Tryptophan. Dieser Inhaltsstoff wirkt äußerst beruhigend und stärkt zusätzlich das Nervensystem.

Dieses Gebäck hilft bei kleinen Beschwerden: Die locker-leichten Busserl regen die Verdauung an. Dazu sollten Sie immer reichlich trinken. Die Lebkuchen beugen mit Ingwer und Anis einer morgendlichen Übelkeit vor. Am besten schon früh im Bett knabbern – für einen guten Start in den Tag.

gut für die Verdauung

Fruchtbusserl

FÜR 24 STÜCK
2 Eier
4 EL Honig
1 Apfel (ca. 175 g)
40 g ungeschälte Mandeln
40 g entsteinte Soft-Pflaumen
40 g Amarant-Pops
5 EL Haferflocken (50 g)
Backpapier

PRO STÜCK: **50 kcal, 1 g EW, 2 g F, 6 g KH**
ZUBEREITUNG: **20 Min.** *BACKZEIT:* **20 Min.**

1. Den Backofen auf 160° (Umluft 140°) vorheizen. Die Eier trennen, die Eiweiße steif schlagen. Eigelbe mit Honig cremig rühren.
2. Den Apfel waschen, halbieren, vierteln und entkernen. Apfel samt Schale und Mandeln fein zerkleinern. Backpflaumen mit einem großen Messer hacken.
3. Die Amarant-Pops mit den Haferflocken, Backpflaumen, der Apfel- und Mandel-Mischung sowie der Honigmasse vermengen und vorsichtig unter den Eischnee ziehen.
4. Mit zwei Esslöffeln die Masse in kleinen Häufchen (24 Stück) auf ein mit Backpapier ausgelegtes Backblech setzen. Die Busserl im Backofen (Mitte) 20 Min. backen.

Ingwer-Kraft-Lebkuchen

gegen Übelkeit

FÜR 50 LEBKUCHEN
1 Möhre (ca. 110 g)
80 g kandierter Ingwer
100 g Walnusskerne
100 g getrocknete Ananas
3 Eier
100 g Rohrzucker
250 g Mehl (Type 1050)
1 TL Anissamen
1 TL Backpulver
2 EL gehackte Pistazien
Backpapier
Alufolie

PRO STÜCK: **55 kcal, 1 g EW, 2 g F, 8 g KH**
ZUBEREITUNG: **10 Min.** *BACKZEIT:* **20 Min.**

1. Den Backofen auf 170° (Umluft 150°) vorheizen, ein Backblech mit Backpapier auslegen, dabei mit einem doppelt gefalteten Streifen Alufolie an einer Seite so abtrennen, dass eine Fläche von 40 x 15 cm entsteht. Die Möhre waschen und grob zerkleinern. Mit Ingwer, Nüssen und Ananas in der Küchenmaschine fein hacken.
2. Die Eier mit Zucker cremig rühren. Das Mehl mit Anis und Backpulver mischen. Zunächst die gehackten Zutaten mit der Eiercreme verrühren, dann das Mehl untermischen.
3. Den Teig auf das Backblech geben und mit einem Teigschaber glatt streichen; Pistazien darüberstreuen. Im Backofen (Mitte) in ca. 20 Min. goldbraun backen. Das Blech herausnehmen, kurz ruhen lassen und den Kuchen in 3 x 4 cm große Stücke teilen. In einer Keksdose aufbewahrt sind sie 2 Wochen haltbar.

Oliven-Quark-Dip

FÜR 2 PORTIONEN
20 grüne Oliven ohne
   Stein
250 g Magerquark
2 EL Basilikum-Pesto
   (Glas)
1 Knoblauchzehe
Cayennepfeffer
Paprikapulver, rosen-
   scharf

PRO PORTION: **200 kcal, 19 g EW, 11 g F,
6 g KH,** ZUBEREITUNG: **15 Min.**

1. Die Oliven mit einem großen Messer
klein hacken.
2. Den Quark mit Pesto verrühren, Oliven-
häcksel unterheben. Den Knoblauch schälen
und fein hacken, mit Cayennepfeffer und
1 Prise Paprika unter den Dip mischen und
nochmals abschmecken. Gut als Brotaufstrich und zu Pellkartoffeln. Der Dip hält sich
zugedeckt im Kühlschrank etwa 1 Woche.

PLUSPUNKT: Oliven und Pesto enthalten viele ungesättigte Fettsäuren
und mit dem Quark zusammen reichlich Eiweiß: die ideale Ergänzung
für ballaststoffreiches, rohes Gemüse.

Eier-Kräuter-Dip

FÜR 2 PORTIONEN
3 Eier
1 Bund Kräuter für
   Frankfurter Sauce
   (z. B. Petersilie,
   Schnittlauch, Kresse,
   Borretsch, Pimpinelle,
   Sauerampfer)
100 g saure Sahne
   (10 % Fett)
1–2 EL mittelscharfer
   Senf | Salz | Pfeffer

PRO PORTION: **240 kcal, 16 g EW, 17 g F,
5 g KH,** ZUBEREITUNG: **15 Min.**

1. Die Eier in kochendem Wasser in ca.
7–10 Min. hart kochen, kalt abschrecken
und anschließend pellen. 1 Ei in kleine
Würfel schneiden.
2. Kräuter waschen, trocken schütteln
und die Blätter von den Stielen zupfen. Die
übrigen Eier mit den Kräutern mit dem
Stabmixer grob pürieren.
3. Eierwürfel, Eier-Kräuter-Creme und
Sahne verrühren, mit Senf, Salz und Pfeffer
würzen. Der Dip schmeckt toll zu Pellkartoffeln und hält im Kühlschrank 2–3 Tage.

PLUSPUNKT: Eier machen lange satt und enthalten die Nervennahrung
Lecithin. Zudem haben sie viel Vitamin D und B12 sowie Kalzium,
Eisen und Zink, die in der Schwangerschaft wichtig sind. Senf beugt
Sodbrennen vor. Frische Kräuter liefern Mineralstoffe und Vitamine.

Linsen-Hummus

FÜR 2 PORTIONEN
100 g rote Linsen
1 kleine Knoblauchzehe
3 EL Tahin (Sesam-paste)
100 g Naturjoghurt (oder griechischer Joghurt)
1 EL Sesamöl
Salz | Pfeffer
½ TL gemahlener Kreuzkümmel

PRO PORTION: **365 kcal, 17 g EW, 22 g F, 23 g KH,** *ZUBEREITUNG:* **25 Min.**

1. Die Linsen in einem feinen Sieb abbrausen, mit ¼ l Wasser in einen Topf geben und bei mittlerer Hitze in ca. 15 Min. weich kochen. Knoblauch schälen und halbieren.
2. Linsen, Tahin, Knoblauch, Joghurt und Sesamöl in eine Schüssel geben und alles mit einem Stabmixer fein pürieren. Mit Salz, Pfeffer und Kreuzkümmel würzen. Schmeckt als Aufstrich, Dip oder in Suppen und Saucen. Im Kühlschrank 1 Woche haltbar.

PRAXISTIPP: Hummus können Sie natürlich auch aus Kichererbsen herstellen, die müssen Sie hierfür über Nacht einweichen.
PLUSPUNKT: Gerade in der Schwangerschaft ist Verstopfung ein nicht zu unterschätzendes Problem. Ballaststoffe beugen da vor und sind in den Linsen reichlich enthalten. Das Eiweiß aus Linsen und Joghurt ergänzt sich ideal. Kreuzkümmel verbessert die Verträglichkeit.

Garnelen-Tomaten-Creme

FÜR 2 PORTIONEN
100 g gegarte, geschälte Garnelen (frisch oder TK)
100 g vollreife Tomaten
3 EL Schmand
1 TL Honig
Salz | Pfeffer

eiweiß-reich

PRO PORTION: **120 kcal, 10 g EW, 6 g F, 6 g KH,** *ZUBEREITUNG:* **15 Min.**

1. Die Garnelen abspülen und die Tomaten waschen. Die Stielansätze der Tomaten entfernen, dann Garnelen und Tomaten in der Küchenmaschine sehr fein pürieren.
2. Garnelenmasse mit dem Schmand vermengen und mit Honig, Salz und Pfeffer würzen. Ein idealer Brotaufstrich oder Dip für Rohkost, Ofenkartoffeln oder Gegrilltes. Die Creme bleibt, gut zugedeckt, im Kühlschrank 2–3 Tage frisch.

VARIANTEN: Statt Tomaten passen auch Avocado oder gegrillte Paprika, Zucchini oder Auberginen.
PLUSPUNKT: Garnelen sind Toplieferanten für Mineralstoffe wie Kalzium, Eisen, Zink, Fluor und Jod, die jetzt in der Schwangerschaft wichtig sind. Tomaten liefern Lycopin.

Folsäure wird durch Hitze zerstört. Deshalb folsäurereiches Gemüse und Obst am besten roh essen. Hier sind es magenmilder Topinambur, Feldsalat und Möhren, gemischt mit Tomaten, Orangen oder Datteln: Das hat nicht nur Vitamine satt, sondern auch reichlich Ballaststoffe, die die Verdauung in Schwung bringen. Eiweiß liefern Krabben und Mandeln, die mit dem Öl auch für gesundes Fett sorgen.

Möhren-Orangen-Salat

blitz-schnell

FÜR 2 PORTIONEN
300 g Möhren
2 Bio-Orangen
6 Datteln
2 EL Rapsöl
Salz | Pfeffer
½ TL gemahlener Kreuzkümmel
40 g ungeschälte Mandeln

PRO PORTION: **320 kcal, 7 g EW, 17 g F, 33 g KH**
ZUBEREITUNG: **15 Min.**

1. Die Möhren schälen und grob raspeln. Die Orangen waschen und trocken tupfen. Von 1 Orange die Schale dünn abreiben. Beide Orangen bis aufs Fruchtfleisch schälen, halbieren und das weiße Innere entfernen. Hälften der Länge nach in je 3 Teile schneiden, diese quer in dünne Scheiben. Den Saft dabei auffangen. Die Datteln entsteinen und quer in dünne Streifen schneiden.
2. Saft und Öl verquirlen, Orangenschale dazugeben, mit Salz, Pfeffer und Kreuzkümmel würzen. Orangen, Datteln und Möhren mischen, das Dressing unterheben.
3. Die Mandeln grob hacken und in einer beschichteten Pfanne ohne Fett rösten, bis sie duften. Den Salat auf einem Teller anrichten und die gerösteten Mandeln darübergeben.

raffiniert

Topinambur-Krabben-Salat

FÜR 2 PORTIONEN
1 EL Tomatenmark
Pfeffer | Salz
3 EL Zitronensaft
4 EL Rapsöl
3 EL Kaffeesahne
100 g gegarte, geschälte Krabben (frisch oder TK)
125 g Feldsalat
250 g Topinambur
6 Kirschtomaten

PRO PORTION: **345 kcal, 13 g EW, 28 g F, 7 g KH**
ZUBEREITUNG: **25 Min.**

1. In einer kleinen Schüssel das Tomatenmark mit Pfeffer und Salz verrühren. 2 EL Zitronensaft, Rapsöl und Kaffeesahne dazugeben und alles verquirlen. Krabben mit Sud in das Dressing geben und ziehen lassen. Falls nötig, 1–2 EL Wasser dazugeben.
2. Den Feldsalat gründlich waschen. Kleine Wurzeln und welke Blätter entfernen, den Salat gut abtropfen lassen. Die Topinambur schälen und in dünne Scheiben hobeln, diese mit 1 EL Zitronensaft beträufeln. Feldsalat und Topinamburscheiben in eine große Schüssel geben. Die Tomaten waschen, halbieren und in den Salat geben.
3. Die Krabben mit dem Dressing gleichmäßig über dem Salat verteilen. Nach Wunsch den Salat einige Male durchmischen.

In rohem Obst und Gemüse sind die empfindliche Folsäure, Vitamin C und Ballaststoffe am besten erhalten. Täglich eine Portion Salat ist deshalb wichtig. Spinat, Radicchio, Brokkoli und Kräuter sind, kombiniert mit eiweißreichen Zutaten und Sattmachern wie Pute und Fisch, eine besonders vollwertige Mahlzeit.

macht satt

Radicchio-Puten-Salat

FÜR 2 PORTIONEN

2 Scheiben frische Ananas
2 zarte Möhren
2 Frühlingszwiebeln
1 kleiner Radicchio (150 g; ersatzweise 150 g Babyspinat)
200 g Putenschnitzel
Salz | Pfeffer
3 EL Sesamsamen
3 EL Rapsöl
7 EL Granatapfelsaft (ersatzweise Ananassaft)
1 TL Senf
1 Stück Ingwer (2 cm)
Alufolie

PRO PORTION: **460 kcal, 31 g EW, 28 g F, 21 g KH**
ZUBEREITUNG: **25 Min.**

1. Ananasscheiben schälen und ohne Strunk in Stückchen schneiden. Möhren waschen und auf der Rohkostreibe fein hobeln.
2. Frühlingszwiebeln waschen, putzen und in dünne Ringe schneiden. Radicchio waschen und in mundgerechte Stücke zupfen. Radicchio und Möhrenraspel in einer Schüssel miteinander vermengen.
3. Putenfleisch quer zur Faser in dünne Streifen schneiden, salzen, pfeffern und in Sesam wälzen. In einer kleinen Pfanne 2 EL Öl erhitzen und die Putenstreifen darin ca. 4 Min. kräftig anbraten. Herausnehmen, in Alufolie wickeln und beiseite stellen.
4. Den Bratfond mit Granatapfelsaft ablöschen, mit Senf, Salz und Pfeffer würzen. Mit 1 EL Öl und 4 EL Wasser unterrühren. Ingwer schälen und mit einer Knoblauchpresse hineindrücken. Dressing mit dem Salat mischen. Putenstreifen, Ananasstücke und Zwiebelringe auf dem Salat anrichten. Dazu passt Vollkornbrot.

gibt Energie

Kartoffel-Brokkoli-Salat mit Lachs

FÜR 2 PORTIONEN

400 g Kartoffeln
300 g Brokkoli
1 Bund Schnittlauch
100 ml Gemüsebrühe
2 EL milder Essig
2 EL Rapsöl
3 EL körniger Senf
Salz, Pfeffer
2 Lachsfilets (à ca. 150 g)
1 EL Schmand

PRO STÜCK: **595 kcal, 38 g EW, 36 g F, 28 g KH**
ZUBEREITUNG: **25 Min.**

1. Die Kartoffeln mit Schale in wenig Wasser in ca. 20 Min. garen. Inzwischen den Brokkoli waschen, putzen und fein zerkleinern. Schnittlauch waschen, trocken schütteln und in Röllchen schneiden.
2. Gemüsebrühe mit Essig, 1 EL Öl, 1 EL Senf und Schnittlauch verrühren, mit Salz und Pfeffer würzen. Die warmen Kartoffeln pellen, in Scheiben schneiden und mit Brokkoli und Dressing vermengen. Den Kartoffelsalat ziehen lassen, bis der Fisch gebraten ist.
3. Den Lachs waschen, trocken tupfen, salzen, pfeffern und mit 1 EL Senf bestreichen. In einer beschichteten Pfanne 1 EL Öl erhitzen und den Lachs auf jeder Seite 2–3 Min. braten. Schmand mit 1 EL Senf mischen. Den Kartoffelsalat und den Fisch anrichten und je einen Klecks Senfsahne daraufsetzen.

Seefisch enthält wertvolle Omega-3-Fettsäuren, die der Gehirnentwicklung des Unge-borenen gut tun. Außerdem viel Eiweiß, Jod und die Vitamine D, B6 und B12, die an der Blutbildung beteiligt sind. Diese Gerichte sind auf Brot eine schnelle, wohltuende Mahlzeit, gut vorzubereiten und gekühlt mindestens 2 Tage haltbar.

Sardinenmousse

FÜR 2 PORTIONEN
1 Bund Basilikum
½ Zitrone
1 Dose Ölsardinen (125 g)
1 EL Kapern
1 EL Rapsöl
Salz | Pfeffer

gehaltvoll

PRO PORTION: **195 kcal, 15 g EW, 15 g F, 1 g KH**
ZUBEREITUNG: **10 Min.**

1. Das Basilikum waschen, trocken schütteln und die Blättchen abzup-fen. Die Zitrone waschen, die Schale dünn abreiben, den Saft auspressen.
2. Die Sardinen abtropfen lassen, Öl auffangen. Gräten und Schwanz-flossen, wenn vorhanden, entfernen. Das Fischfleisch mit Basilikum, Zitronenschale, 1 EL Zitronensaft und den Kapern in der Küchen-maschine pürieren. Dabei das Sardinenöl und zusätzlich 1 EL Rapsöl dazugeben, sodass eine cremige Konsistenz entsteht.
3. Die Mousse mit Salz, Pfeffer und Zitronensaft würzen.

VARIANTE ORIENTALISCH: Statt Basilikum Koriandergrün nehmen, Kreuzkümmel und gehackte Zwiebel statt Kapern.

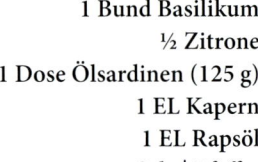
reich an
Eiweiß

Lachs-Cocktail

FÜR 2 PORTIONEN
1 Lachsfilet (ca. 125 g)
½ Mango
1 TL Wasabipaste (japanischer Meerrettich)
75 g saure Sahne (10 % Fett)
Salz | Pfeffer
½ Bund Dill
Alufolie

PRO PORTION: **210 kcal, 14 g EW, 13 g F, 9 g KH**
ZUBEREITUNG: **20 Min.**

1. In einem kleinen Topf wenig Wasser erhitzen. Den Lachs in Alufolie wickeln und in dem Wasser in ca. 5 Min. gar ziehen lassen. Auspacken und in mundgerechte Würfel schneiden. Mango mit dem Sparschäler schälen, in kleine Würfel schneiden.
2. Die Wasabipaste mit der Sahne verrühren, salzen und pfeffern. Den Dill waschen, die Spitzen abzupfen und hacken.
3. Lachs- und Mangostückchen mit der Wasabi-Sahne vermengen und alles mit dem Dill bestreuen.

VARIANTEN: Nach der Entbindung können Sie das Rezept mit Räucherlachs zubereiten – das geht schneller. Statt Wasabi schmeckt auch Meerrettich, statt Mango Kaki oder Grapefruit.

Gesundes Fast Food für Tage, an denen Sie nicht zum Kochen kommen. Die Wähe schmeckt kalt oder warm und ist mit einem Salat eine vollwertige Mahlzeit. Frisches Gemüse und dunkles Mehl sorgen für ausreichend Ballaststoffe. Sesam, Ziegenkäse und Quark ergänzen dieses Gericht mit Eiweiß und Kalzium. Auch prima für Gäste!

Gemüsewähe

gut für die
Verdauung

FÜR 4 STÜCK (QUICHEFORM VON 28 CM Ø)
200 g Mehl (Type 1050)
200 g Magerquark
80 g Margarine | Salz
2 Eier (M)
150 g Ziegenfrischkäse
Pfeffer
1 EL Basilikum-Pesto (Glas)
frisch geriebene Muskatnuss
300 g Brokkoli
300 g Kirschtomaten
1 EL Sesamsamen
Fett und Mehl für die Form

PRO STÜCK: **550 kcal, 26 g EW, 31 g F, 40 g KH**
ZUBEREITUNG: **25 Min.**
RUHEZEIT: **30 Min.** *BACKZEIT:* **35 Min.**

1. Mehl, 100 g Quark, Margarine und etwas Salz schnell zu einem glatten Teig vermengen. In Folie wickeln und im Kühlschrank 30 Min. ruhen lassen. Den Backofen auf 200° (Umluft 180°) vorheizen. Die Form fetten und mit etwas Mehl bestäuben.
2. Den Teig ausrollen und in die Form legen. Dabei einen 1 cm hohen Rand formen und den Teig mehrfach mit einer Gabel einstechen. Im Backofen (Mitte) ca. 10 Min. vorbacken. Herausnehmen, den Ofen eingeschaltet lassen.
3. Während der Teig vorbackt, die Eier trennen. Ziegenkäse mit dem übrigen Quark und Eigelben mit einem Schneebesen kräftig schlagen. Die Masse anschließend mit Salz, Pfeffer, Pesto und Muskat würzen.
4. Den Brokkoli waschen, putzen und in mundgerechte Stücke schneiden. Die Tomaten waschen, halbieren und die Stielansätze entfernen. Die Eiweiße steif schlagen und unter die Quarkcreme ziehen.
5. Die Quarkmasse auf dem Quicheteig verteilen. Tomaten und Brokkoliröschen daraufsetzen und in die Füllung drücken. Sesam darüberstreuen. Die Quiche im Backofen (Mitte) 35 Min. backen.

PRAXISTIPP: Ofengerichte wie eine Wähe oder auch ein Auflauf sind ideal, um Reste vom Vortag aufzubrauchen, auch Fleischreste passen gut hinein.

VARIANTEN: Tauschen Sie Brokkoli und Tomaten gegen andere Gemüsesorten wie Champignons, Kürbis, Spargel, Lauch, Zuckerschoten oder blanchierten Spinat aus. Möhren, Rosenkohl, grüne Bohnen, Rote Beten, Zwiebeln, Fenchel oder Blumenkohl müssen leicht vorgegart werden. Wer Ziegenkäse nicht mag, nimmt klassischen Frischkäse.

VARIANTEN MIT FLEISCH ODER MEERESFRÜCHTEN: Auch Hähnchenfleisch (angebraten), Schinkenwürfel oder Krabben passen gut in die Wähe.

Beide Suppen sind unterschiedlich wohltuend. Die eine unterstützt das Immunsystem und stärkt durch die ätherischen Öle, Vitamine und Mineralstoffe in den Kräutern. Die andere liefert durch Linsen und Buttermilch hochwertiges Eiweiß und Ballaststoffe; die Walnüsse steuern gute Omega-3-Fettsäuren bei.

Drei-Kräuter-Suppe

beruhi-gend

FÜR 2 PORTIONEN
1 Zwiebel
1 große Kartoffel
1 EL Öl
1 TL Mehl (Type 1050)
½ l Gemüsebrühe
1 Kästchen Kresse
1 Bund Petersilie
1 Bund Schnittlauch
3 EL Schmand
Salz | Pfeffer

PRO PORTION: **245 kcal, 5 g EW, 12 g F, 27 g KH**
ZUBEREITUNG: **30 Min.**

1. Die Zwiebel und die Kartoffel schälen und in grobe Würfel schneiden. In einem Topf das Öl erhitzen, Zwiebel darin glasig dünsten. Dann die Kartoffel dazugeben und kurz mitdünsten, dabei mit Mehl bestäuben. Mit der Gemüsebrühe ablöschen und 15 Min. garen.
2. Inzwischen die Kräuter waschen und trocken schütteln. Die Kresse vom Beet schneiden. Petersilienblättchen von den Stielen zupfen und hacken, Schnittlauch in Röllchen schneiden.
3. Kräuter und Schmand zur Suppe geben und alles mit dem Stabmixer pürieren. Die Suppe mit Salz und Pfeffer würzen. Dazu passt sehr gut kräftiges Vollkornbrot.

VARIANTEN: **Die Suppe schmeckt auch mit Rucola, Sauerampfer, Basilikum, Portulak, Kerbel, Brunnenkresse oder Pimpinelle.**

reich an Eiweiß

Linsensuppe mit Walnuss-Topping

FÜR 2 PORTIONEN
1 kleine Stange Lauch
1 große Möhre
1 EL Rapsöl
1 TL Kreuzkümmelkörner
120 g rote Linsen
½ l Gemüsebrühe
200 ml Buttermilch
Salz | Pfeffer
3 EL Walnusskerne
1–2 EL körniger Senf

PRO PORTION: **435 kcal, 23 g EW, 21 F, 35 g KH**
ZUBEREITUNG: **40 Min.**

1. Den Lauch putzen, längs aufschlitzen, gründlich waschen und grob in Stücke schneiden. Die Möhren waschen, putzen und in dünne Scheiben schneiden.
2. Das Öl in einem Topf erhitzen. Möhren und Lauch mit dem Kreuzkümmel darin kurz anbraten. Die Linsen in einem Sieb waschen, hinzufügen und die Brühe angießen. Die Suppe einmal aufkochen und bei kleiner Hitze 15 Min. kochen lassen. Gelegentlich umrühren.
3. Die Buttermilch dazugeben und alles mit dem Stabmixer fein pürieren. Die Suppe mit Salz und Pfeffer würzen.
4. Die Walnüsse hacken und mit dem Senf mischen. Die Nüsse als Garnitur auf die Suppe setzen.

Gemüse fix zubereiten – das klappt am besten im Wok. Die Garzeit ist kurz, Nährstoffe, vor allem Folsäure, bleiben erhalten. Mischen Sie »unterirdische« mit »oberirdischen« Sorten. Topinambur mit seinem Inulin sorgt dafür, dass der Blutzucker stabil bleibt. Tofu liefert Veggie-Eiweiß satt. Ingwer beugt Übelkeit vor.

reich an Folsäure

Topinambur-Sprossen-Wok

FÜR 2 PORTIONEN
200 g Räuchertofu
200 g Topinambur
200 g Möhren
2 Frühlingszwiebeln
1 Stück Ingwer (2 cm)
2 EL Rapsöl
3 TL Sesamsamen
Salz
50 g frische Sojasprossen
(oder Sprossenmix)
50 g Rucola
Sojasauce | Pfeffer

PRO PORTION OHNE BEILAGE: 330 kcal, 17 g EW, 24 g F, 13 g KH
ZUBEREITUNG: 40 Min.

1. Den Tofu in 1 cm große Würfel schneiden. Topinambur und Möhren schälen und mit der Rohkostreibe in Streifen hobeln. Frühlingszwiebeln putzen, längs halbieren oder vierteln und in Streifen schneiden. Ingwer schälen und fein hacken.

2. Das Öl im Wok erhitzen, Sesam darin kurz anrösten. Topinambur und Möhren hineingeben und bei großer Hitze unter Rühren 5 Min. mitbraten. Frühlingszwiebeln, Ingwer und Tofu dazugeben und weitere 4 Min. braten. Dabei immer wieder rühren und am Schluss alles leicht salzen.

3. Sojasprossen schnell abspülen und mit Rucola kurz im Wok mitbraten. Das fertige Gericht mit Sojasauce und Pfeffer würzen.

GEMÜSE-VARIANTEN: Auch Pastinaken, Rübchen, Kürbis, Rote Bete oder Kohlrabi passen. Rucola durch Spinat, Mangold, Pak Choi oder Chinakohl ersetzen, Sprossen durch Zuckererbsen, Spargel oder Brokkoliröschen.

VARIANTE MIT FLEISCH ODER FISCH: Dünne Streifen Geflügel- oder Rindfleisch anbraten. Auch Rührei und Krabben passen. Sie liefern hochwertiges Eiweiß und versorgen Sie und Ihr Baby mit Eisen und Zink.

FÜR GROSSEN HUNGER: Pro Person 1 Handvoll gegarten Reis oder Nudeln, auch vom Vortag, mitbraten.

WOK-TIPP: Alle Zutaten gleich klein schneiden, dann sind sie schnell gar und knackig. Je fester die Konsistenz des Gemüses ist, desto länger gart es. Blattgemüse am Ende nur kurz mitgaren.

Vollkornnudeln tun besonders gut, weil sie viele Ballaststoffe, Eisen und Eiweiß liefern. Dadurch kann der Blutzuckerspiegel ausgeglichen werden. Vegetarische Gerichte sollten reich an Vitamin C sein: Dann wird pflanzliches Eisen, hier aus Spinat und Rucola, besser aufgenommen. Nüsse sorgen für Eiweiß und gesundes Fett.

erfri- schend

Orangen-Cashew-Nudelpfanne

FÜR 2 PORTIONEN
150 g Bandnudeln
Salz
40 g Cashewnüsse
1 kleine Stange Lauch
1 Bio-Orange
250 g frischer Blattspinat
(oder ca. 150 g TK)
2 EL Rapsöl
Pfeffer
frisch geriebene Muskatnuss
1–2 EL frisch geriebener Parmesan

PRO PORTION: **565 kcal, 19 g EW, 23 g F, 70 g KH**
ZUBEREITUNG: **35 Min.**

1. Die Nudeln in gesalzenem Wasser nach Packungsangabe al dente kochen; dann abgießen und abtropfen lassen. Die Cashewnüsse in einer Pfanne ohne Fett rösten, beiseite stellen.
2. Lauch putzen, längs aufschlitzen und gründlich waschen. In 5 cm lange Stücke und diese längs in Streifen schneiden. Orange waschen, die Schale dünn abreiben, die Frucht bis aufs Fruchtfleisch schälen. Die Orange in Viertel, diese quer in schmale Scheiben schneiden, dabei den Saft auffangen. Den frischen Spinat waschen und putzen.
3. Das Öl in einer beschichteten Pfanne erhitzen. Lauchstreifen darin anbraten, Spinat dazugeben (TK gefroren) und zusammenfallen lassen. Mit der Orangenschale, Salz, Pfeffer und Muskat würzen. Die Flüssigkeit bei großer Hitze einkochen lassen.
4. Orangenstückchen, Saft, Cashews und Nudeln unter das Gemüse mischen. Mit Parmesan bestreut servieren.

Pestonudeln mit Gemüse

ganz einfach

FÜR 2 PORTIONEN
1 Bund Rucola
1 kleine Knoblauchzehe
50 g Sonnenblumenkerne
6 EL Olivenöl
Salz | Pfeffer
1 kleiner Zucchino (ca. 150 g)
1 rote Paprikaschote (ca. 150 g)
150 g Bandnudeln

PRO PORTION: **775 kcal, 18 g EW, 50 g F, 64 g KH**
ZUBEREITUNG: **35 Min.**

1. Rucola waschen und trocken schütteln. Knoblauch schälen und grob hacken. Sonnenblumenkerne in einer beschichteten Pfanne ohne Fett anrösten. Alles mit dem Öl in der Küchenmaschine pürieren. Das Pesto mit Salz und Pfeffer würzen.
2. Zucchino waschen, putzen und mit dem Sparschäler lange Streifen abziehen. Paprika waschen, halbieren, Stiel und Kerne entfernen und die Schote in dünne Streifen schneiden.
3. Nudeln nach Packungsangabe in Salzwasser garen. 3 Min. vor Ende der Garzeit die Gemüsestreifen dazugeben und mitkochen.
4. Fertige Gemüse-Nudeln in ein Sieb abgießen und mit dem Pesto mischen. Eventuell noch etwas Nudelwasser dazugeben.

Dieses vegetarische Essen enthält reichlich Eiweiß mit vielen essenziellen Amino-säuren aus Kartoffeln, Ei und Pilzen. Es versorgt Sie und Ihr Ungeborenes mit den Vitaminen B, D und A – und mit Ballaststoffen. Frittata schmeckt warm und kalt. Essen Sie dazu einen kleinen, knackigen Salat oder reichen Sie eine mit Kräutern oder Gewürzen angemachte Joghurtsauce als Beilage.

gut für die
Verdauung

Gemüse-Frittata

FÜR 2 PORTIONEN
1 Bund Petersilie
100 g Naturjoghurt
Salz | Pfeffer
1 Zwiebel
400 g Champignons
300 g Kartoffeln
2 EL Rapsöl
4 Eier
1 TL Currypulver

PRO PORTION: **425 kcal, 23 g EW, 26 g F, 24 g KH**
ZUBEREITUNG: **1 Std.**

1. Petersilie waschen und trocken schütteln. Blättchen abzupfen und hacken. Mit dem Joghurt, mischen, mit Salz und Pfeffer würzen.
2. Zwiebel schälen, halbieren und in dünne Scheiben schneiden. Champignons säubern und in feine Scheiben schneiden. Kartoffeln waschen, schälen und in dünne Scheiben hobeln oder schneiden.
3. 1 EL Öl in einer großen beschichteten Pfanne erhitzen, die Kartoffeln dazugeben, salzen und bei mittlerer Hitze 5 Min. braten. Zwiebeln 5 Min. mitbraten, alles aus der Pfanne nehmen. Pilze in die Pfanne geben, salzen, pfeffern und unter Rühren braten, bis sie trocken sind und kein Wasser mehr ziehen. Mit den Kartoffeln mischen.
4. Eier mit Salz, Pfeffer und Curry verquirlen. Etwas Öl in der Pfanne erhitzen, die Hälfte Ei hineingießen, leicht stocken lassen, Kartoffel-Pilz-Mischung darauf verteilen, glatt streichen und das restliche Ei daraufgeben. Frittata zugedeckt bei kleiner Hitze ca. 10 Min. backen, dabei ab und zu rütteln, damit nichts ansetzt. Dann mithilfe eines glatten Deckels wenden, kurz bräunen und mit dem Dip auftischen.

VARIANTEN: Sie können statt Pilzen auch Stangenbohnen (Breite Bohnen), Zucchini, Paprikastreifen, Zuckererbsen oder Spargel verwenden. Bei gegarten Gemüseresten entfällt das Anbraten. Wenn Sie gegarte Kartoffeln vom Vortag haben, nehmen Sie diese, damit geht es schneller.

KRÄUTER-TIPP: Wenn der Entbindungstermin überfällig ist, sollten Sie reichlich Petersilie essen: Sie regt die Durchblutung des Unterleibs an. Bei Problemen mit frühzeitigen Wehen Petersilie meiden, lieber Basilikum, Sauerampfer, Kresse, Dill oder Kerbel essen.

Für Fischmuffel sind Fischnockerln ein schöner Einstieg: Sie sind garantiert ohne Gräten! Lachs und Leinsamen sind mit ihren hochwertigen Fetten für die Entwicklung des kindlichen Gehirns besonders wertvoll. Spinat und Hafer liefern reichlich Eisen, Folsäure und das Blutgerinnungsvitamin K.

beruhi-
gend

Reistopf mit Fischklößchen

FÜR 2 PORTIONEN
120 g parboiled Reis
1 EL Rapsöl | Salz
450 g junger Spinat (TK)
Pfeffer
frisch geriebene Muskatnuss
1 Knoblauchzehe
200 g Lachsfilet (frisch oder TK)
1 Ei
2 EL zarte Haferflocken
1 EL Schmand
2 EL Leinsamen

PRO PORTION: **605 kcal, 35 g EW, 29 g F, 52 g KH**
ZUBEREITUNG: **45 Min.**

1. Den Reis in einem kleinen Topf im Rapsöl andünsten, salzen und 400 ml Wasser dazugießen. Bei kleiner Hitze kochen lassen.
2. Gleichzeitig den Spinat gefroren in einen flachen, großen Topf geben und mit Salz, Pfeffer und 1 Prise Muskat würzen. 1 Knoblauchzehe schälen und durch die Presse hineindrücken. Spinat zugedeckt bei kleiner Hitze auftauen lassen und 100 ml Wasser hinzufügen.
3. Das Fischfilet würfeln, samt Ei und Haferflocken mit dem Stabmixer pürieren und mit Salz und Pfeffer würzen.
4. Schmand und Leinsamen unter den Spinat mischen. Mit einem nassen Esslöffel aus der Fischfarce acht Nocken ausstechen und in die heiße Spinatsauce geben. Nicht mehr kochen, nur noch zugedeckt etwa 10 Min. ziehen lassen. Wenn nötig, die Sauce etwas verdünnen. Fischklößchen mit Sauce und Reis servieren.

VARIANTE TOMATENSAUCE: Sie können statt einer Sauce aus TK-Spinat auch eine frische Sauce kochen: 500 g gehäutete frische Tomaten mit 1 gehackten Zwiebel, 1 zerdrückten Knoblauchzehe und 1–2 TL Honig schmoren.

VARIANTEN: Statt Lachs eignet sich auch jeder andere Fisch. Und statt Klößchen können Sie auch das Fischfilet nur würzen und im Spinat gar ziehen lassen.

Dieses leichte Fischgericht sorgt für ausreichend Eiweiß, Jod und mehrfach ungesättigte Fettsäuren. Die inulinreichen Schwarzwurzeln stärken den Magen, regen die Verdauung an und helfen, den Blutzuckerspiegel auszugleichen. Senf hilft mit seinen ätherischen Ölen bei Sodbrennen.

magen-stärkend

Schwarzwurzeln mit Seelachs

FÜR 2 PORTIONEN
2 EL Rapsöl
3 EL Mehl (Type 1050)
1 Bio-Zitrone
500 g frische Schwarzwurzeln
Salz
2 Seelachsfilets (je ca. 150 g)
1 Bund Dill
100 g Sahne
1–2 EL mittelscharfer Senf
Pfeffer (am besten weißer)
Einmalhandschuhe

PRO PORTION: **490 kcal, 34 g EW, 31 g F, 17 g KH**
ZUBEREITUNG: **55 Min.**

1. Öl und Mehl in einem Topf anschwitzen, 1/4 l Wasser dazugießen, bei kleiner Hitze unter Rühren aufkochen lassen und beiseitestellen.
2. Die Zitrone waschen, die Schale abreiben, den Saft auspressen. Schwarzwurzeln waschen und schälen (s. Tipp), in 3 cm lange Stücke schneiden. Mehlschwitze wieder aufkochen, Wurzelstücke und Zitronenschale dazugeben, salzen und bei kleiner Hitze 20 Min. garen.
3. Inzwischen den Fisch in mundgerechte Stücke schneiden, salzen und mit Zitronensaft beträufeln. Den Dill waschen, die Spitzen abzupfen und hacken.
4. Sahne und Senf zur Sauce geben, Fischstücke behutsam unterziehen. Bei kleiner Hitze weitere 5 Min. garen. Mit Dill, Salz, Pfeffer und Zitronensaft abschmecken. Dazu gibt's Pellkartoffeln.

VARIANTEN: Statt Seelachs können Sie Pangasius (Bio), Lachs oder Seehecht verwenden – oder wachsweich gekochte Eier. Statt Senf passt auch Meerrettich, aus dem Glas oder frisch gerieben. Schmeckt auch mit Blumenkohl oder Spargel.

TIPP – SCHWARZWURZELN: Arbeiten Sie zügig, sonst werden die Wurzeln braun. Früher legte man die geschälten Wurzeln in Zitronenwasser – aber das laugt Nährstoffe aus. Einmalhandschuhe schützen beim Schälen vor dem bräunlich färbenden Saft der Wurzeln. Sie können auch Schwarzwurzeln aus der Konserve nehmen – dann die Sauce mit dem Sud statt mit Wasser kochen; das Gemüse nur noch mit dem Fisch erhitzen.

Viel Beta-Karotin in Möhren und Süßkartoffeln stärkt die Zellwände, Pastinaken und Sellerie beruhigen das Verdauungssystem und regen die Entwässerung an. Paprika liefert Vitamin C für gesundes Bindegewebe. Das Ragout ist ideal auch für die Zeit nach der Entbindung, denn es ist nährend und gut verträglich. Kochen Sie am besten jetzt vor, und frieren Sie das Ragout portionsweise ein.

gibt Energie

Vorrats-Ragout

FÜR 4 PORTIONEN
2–3 Möhren
2–3 Pastinaken
1 Süßkartoffel
4 Stangen Staudensellerie
1 grüne Paprikaschote
400 g Putenfleisch
(am besten Keule)
1 TL edelsüßes Paprikapulver
2 EL Rapsöl
Salz | Pfeffer
3–4 EL Schmand

PRO PORTION: **380 kcal, 25 g EW, 14 g F, 38 KH**
ZUBEREITUNG: **1 Std.**

1. Das Gemüse waschen. Möhren, Pastinaken und Süßkartoffeln schälen und in ca. 1 cm dicke Würfel schneiden. Vom Sellerie die Fäden abziehen. Paprika von Stiel und Kernen befreien. Beides ebenfalls klein schneiden. Sellerieblätter fein hacken und beiseitelegen.
2. Das Putenfleisch in mundgerechte Stücke würfeln und mit Paprikapulver bestäuben. Das Öl in einem Topf erhitzen, die Putenbrust darin kurz anbraten und herausnehmen. Im Bratenfond das Gemüse bei mittlerer Hitze kurz andünsten.
3. Das Putenfleisch wieder in den Topf geben und 300 ml Wasser dazugießen. Alles salzen und pfeffern. Aufkochen lassen und zugedeckt bei kleiner Hitze ca. 20 Min. garen.
4. Schmand unterrühren und das Ragout nochmal heiß werden lassen. Mit Salz und Pfeffer abschmecken. Das Ragout vor dem Servieren mit Selleriegrün bestreuen.

VARIANTEN: **Knackiger** wird das Ragout, wenn Sie Pastinaken und Süßkartoffeln durch Blumenkohl und Kohlrabi ersetzen. **Schneller** fertig ist es, wenn Sie Blattspinat, Mangold, Spargel, Zuckererbsen und Tomaten verwenden. Dann die Putenbrust nicht herausnehmen, sondern gleich im Topf lassen.
Fast ein Gulasch: Lassen Sie Süßkartoffeln und Pastinaken weg und reichen Sie als Beilage Kartoffeln, Nudeln oder Reis extra dazu.

Gemüse-Bolognese enthält viele wichtige Vitamine wie A und D. Außerdem liefern Möhren, Sellerie, Champignons und Nüsse wertvolle Ballaststoffe für eine gesunde Verdauung. Die Walnüsse ergänzen mit den Pilzen das Fleischeiweiß und verbessern den Fettsäuremix. Diese nährende Bolognese ist übrigens auch ideal für die Stillzeit! Also: Jetzt vorkochen und portionsweise einfrieren.

für den
Vorrat

Gemüse-Bolognese

FÜR 6 PORTIONEN
500 g Champignons
2–3 Möhren
1 Knollensellerie (500 g)
1 Zwiebel
4 EL Rapsöl
250 g mageres Rinder-
hackfleisch
3 EL Tomatenmark
1 TL getrocknete Kräuter
der Provence
Salz | Pfeffer
150 g Walnusskerne
5 EL Sahne
frisch geriebener Parmesan
zum Servieren

PRO PORTION: **405 kcal, 17 g EW, 34 g F, 8 g KH**
ZUBEREITUNG: **50 Min.**

1. Die Champignons putzen und fein hacken. Die Möhren und den Sellerie waschen, schälen und auf einer Küchenreibe fein raspeln. Die Zwiebel schälen und fein hacken.
2. Das Öl in einem Topf erhitzen. Das Hackfleisch mit den Zwiebelwürfeln darin bei mittlerer bis starker Hitze unter Wenden krümelig braun braten, dabei Tomatenmark, getrocknete Kräuter, Salz und Pfeffer dazugeben. Dann das Gemüse hinzufügen und unter Wenden ca. 5 Minuten mitbraten. Etwa 1 l Wasser angießen, die Nüsse hinzufügen und alles offen bei schwacher bis mittlerer Hitze in ca. 20 Min. einkochen lassen. Die Sahne unterrühren und die Bolognese mit Salz und Pfeffer abschmecken.
3. Die Bolognese heiß mit Nudeln und Parmesan servieren.
4. Zum Einfrieren auskühlen lassen und portionsweise in Gefrierbeutel oder -boxen füllen.

VARIANTEN: Statt Rindfleisch können Sie genauso gut Schweine- und Hähnchenfleisch verwenden. Statt Knollensellerie eignen sich auch Staudensellerie, Petersilienwurzel oder Fenchel, statt Möhren Pastinaken, Kürbis oder Topinambur. Sie können auch zusätzlich 500 g passierte Tomaten zufügen.

VEGETARISCHE VARIANTE: Statt Hackfleisch 150 g Walnusskerne, 2 Zwiebeln und ½ Tasse eingeweichte Tofuschnetzel verwenden. Die Garzeit bleibt gleich.

Hühnersuppe hat eine geradezu magische Wirkung und beugt Erkältungen vor. Das Hühnerklein gibt Gelatine und Aroma ab, das Gemüse ist leicht verdaulich. Diese Suppe wird auch bei Übelkeit vertragen. In der Stillzeit deckt sie den Flüssigkeitsbedarf und wirkt durch Bockshornklee, Mandeln und Hefe milchbildend.

gegen Übelkeit

Hühnerkraftbrühe auf Vorrat

FÜR 6 PORTIONEN
ca. 800 g Hühnerklein (Flügel und Unterschenkel)
2 TL Salz
1 Lorbeerblatt
Pfefferkörner
1 TL Bockshornkleesamen
1 Bund Suppengrün (Sellerie, Möhren, Lauch, Petersilie)
1 Zweig Liebstöckel (nach Belieben)
1–2 EL Orangenmarmelade

PRO PORTION: **195 kcal, 21 g EW, 10 g F, 6 g KH**
ZUBEREITUNG: **35 Min.** *GARZEIT:* **40 Min.**

1. Das Hühnerklein mit Salz, Lorbeerblatt, Pfefferkörnern und Bockshornklee in einen Topf geben, mit 2 l Wasser bedecken und bei großer Hitze ca. 30 Min. kochen.
2. Inzwischen das Suppengrün waschen. Sellerie und Möhren schälen und in 1 cm große Würfel schneiden. Lauch putzen und in Ringe schneiden. Petersilienblättchen abzupfen, hacken und beiseitelegen. Petersilienstängel, Liebstöckel und das Gemüse in die kochende Suppe geben und weitere 20 Min. kochen.
3. Gewürze, Petersilienstängel, Liebstöckel und Hühnerteile entfernen. Das Fleisch von den Hühnerteilen auslösen und wieder zur Suppe geben. Suppe mit Orangenmarmelade und Petersilie würzen.
4. Für den Vorrat die Brühe abkühlen lassen und portionsweise in Gefrierboxen oder -beutel füllen und einfrieren. Nach Bedarf Brühe auftauen und mit der gewünschten Einlage erhitzen.

SERVIERTIPP: 20 g feine Suppennudeln oder 5-Minuten-Reis sowie 100 g zartes Gemüse (Erbsen, Blattspinat, Spargel, Champignons) in der Suppe ca. 5 Min. kochen, bis alles gar ist.
VARIANTEN: Sie können auch Reste von Gemüse oder Kartoffeln in der Suppe heiß machen. Oder asiatisch mit Kokosmilch und Ingwer abschmecken. In der Stillzeit die Suppe zusätzlich mit 2 EL gehackten Mandeln und 1 EL Hefeflocken pro Portion anreichern: Das bringt zusätzlich Eiweiß und Nervenvitamine.
PRAXISTIPP: Lorbeer, Pfeffer und Bockshornklee im Teesieb mitkochen – so lassen sie sich einfach entfernen.

STILLZEIT

Eigentlich können Sie so weiter essen wie zuvor – nur ein bisschen mehr und noch besser! Denn jetzt isst Ihr Kind wirklich mit. Erst über die Muttermilch, später mit der Beikost: Kochen Sie im zweiten Halbjahr gleich für Sie beide, und zweigen Sie den Babybrei vor dem Würzen ab.

TRINKRHYTHMUS Ihr Kind kommt ohne Tagesrhythmus auf die Welt. Es braucht Nahrung rund um die Uhr, denn es ist noch zu klein, um auf Vorrat zu trinken. Bei jedem Wachstumsschub, mit etwa 3 und 6 Wochen und 3 und 6 Monaten, wächst der Appetit. Trotzdem ist ein Stillabstand von 2–3 Stunden sinnvoll, damit sich bei Ihnen wieder Milch bilden kann und Ihr Baby Zeit zum Verdauen hat. Nicht jedes Schreien bedeutet Hunger.

GEWICHT Nicht nach jeder Mahlzeit wiegen – das stresst nur. Solange die Windel in 24 Stunden etwa 6-mal nass ist und Ihr Baby alle paar Tage Stuhlgang hat, ist alles in Ordnung. Der Kinderarzt stellt bei der Vorsorgeuntersuchung fest, ob das Gewicht stimmt. Alarmzeichen sind Schwäche und Verschlafen von Mahlzeiten: Dann sollten Sie das Kind zum Trinken alle 2–3 Stunden wecken und richtig päppeln. Wenn's nicht fit wird: zum Arzt.

DURCHSCHLAFEN Die Sehnsucht danach wächst mit den Monaten. In den ersten Wochen ist das unrealistisch. Aber je stabiler Ihr Kind wird, desto länger kann es durchhalten. Oft wird Milchbrei abends als Einschlafhilfe empfohlen. Der ist aber erst ab Anfang des 6. Monats empfehlenswert. Wenn Ihr Baby tagsüber genug trinkt, frische Luft und Ablenkung hat, dann kann es auch mit Muttermilc 5-6 Stunden durchhalten.

GESUND LEBEN Schlafen Sie, wenn Ihr Baby schläft – nicht den Haushalt erledigen! Essen Sie nicht hastig und irgendetwas, sondern sorgen Sie für gesunde Vorräte: Ein Teller Suppe, Kraftkuchen oder Vollkornbrot mit einem vollwertigen Aufstrich liefern wichtige Nährstoffe, die Sie jetzt brauchen. Und verzichten Sie nicht prophylaktisch auf frisches Obst und Gemüse (s. Seite 85) in der Hoffnung, dass es dem Baby gut tut: im Gegenteil!

GETRÄNKE Solange Sie voll stillen, also weder Beikost noch Flasche geben, braucht Ihr Baby keine zusätzlichen Getränke. Denn bei Hitze wird Ihre Milch dünner, und Ihr Kind bekommt so mehr Flüssigkeit. Wer voll stillt, braucht also keine Flasche – auch nicht zur Beruhigung. Erst wenn Ihr Kind den ersten Brei bekommt, braucht es etwas Wasser zusätzlich. Dann kann es vielleicht auch schon aus dcm Trinklernbecher trinken.

TRINKEN ist jetzt besonders wichtig: 2–2,5 Liter Flüssigkeit täglich – aber nicht mehr. Wichtig ist die Regelmäßigkeit. Stellen Sie sich Ihr Getränk an den Stillplatz, so vergessen Sie es nicht. Milchbildungstee, andere milde Tees, koffeinarme Getränke wie Malzkaffee oder Rotbuschtee sind ebenso geeignet wie Mineralwasser oder Ingwerwasser. Auch Saft, Milch, Mixgetränke und Suppen tragen zur Flüssigkeitszufuhr bei.

STILLEN TUT GUT Dabei wird Oxytocin ausgeschüttet, das regt die Rückbildung der Gebärmutter an. Außerdem holt sich das Baby die in der Schwangerschaft angelegten Reserven. Jetzt das abzunehmen, was Sie während der Schwangerschaft zugenommen haben, ist deshalb ganz natürlich. Ihr Körper kommt in den Monaten nach der Geburt besonders leicht wieder in Form. Tägliche Rückbildungsgymnastik unterstützt das.

MILCHVORRAT Wer nicht imme beim Kind sein kann oder krank wird, muss nicht abstillen: Apotheken verleihen Milchpumpen, mit denen Sie Muttermilch abpumpen können. Die bleibt gut verschlosse im Kühlschrank 2-3 Tage frisch, tiefgefroren bis zu 2 Monate. Vor dem Trinken nur auf Trinktemperatur erwärmen, nicht kochen, sonst gehen wertvolle Substanzen verloren. Reste dieser Milch nicht später wieder verwenden.

Schonen Sie sich im Wochenbett

Traditionell dauert es 6 Wochen, bis sich das Stillen einge-spielt hat und Sie wieder langsam zu sich kommen. Deshalb sollten Sie sich in diesen ersten Wochen schonen, Besuch abwimmeln und keine Termine übernehmen. Je mehr Muße Sie jetzt für sich und Ihr Kind haben, desto schneller sind Sie wieder fit, und desto leichter fällt das Stillen.

So stärkt Muttermilch Ihr Baby

ANGEPASST Sie ist maßgeschneidert für Ihr Kind und passt sich seinen Bedürfnissen optimal an. In den ersten Tagen ist sie des-halb besonders reich an Antikörpern. Wenn Ihr Kind krank ist, stellt sich Ihre Milch wie durch ein Wunder darauf ein und erhöht die Immunabwehr.

NÄHRSTOFFE Der hohe Gehalt an Milch-zucker sorgt für eine gute Darmflora und weichen Stuhl. Das Eiweiß der Muttermilch ist leicht verdaulich, und ihre Fettsäuren beeinflussen die Gehirnentwicklung des Kindes positiv. Sie enthält alles, was Ihr Kind im ersten Halbjahr braucht.

ANTIALLERGISCH Stillen ist die beste Vorbeugung gegen Allergie. Der positive Effekt wird verstärkt, wenn ab Ende des 4. Monats Beikost in Minimengen einge-führt wird. Hierzu finden Sie Infos auf den Seiten 120/121.

VORBEUGEND Gestillte Babys leiden später seltener an Übergewicht, Diabetes Typ 2 und Morbus Crohn.

GESCHMACKSENTWICKLUNG Alles, was Sie essen, teilt sich der Milch mit. Das trainiert Babys Geschmacksentwicklung!

Das dürfen Sie jetzt wieder unbeschwert genießen

Toxoplasmose, Listeriose und Salmonellen werden nicht über die Muttermilch über-tragen. Bei EHEC (S. 17 und 144) ist das Risiko verschwindend gering. Essen Sie so viel-seitig wie möglich. Der zunächst niedrige Kalorienbedarf steigt mit der Milchmenge an.
RÄUCHERLACHS, MATJES & SUSHI Sie sind keine Gefahr mehr – im Gegenteil. Die wertvollen Fischöle gehen in die Muttermilch über.
ROHMILCHKÄSE Nicht nur Parmesan – auch Weichkäse aus Rohmilch sind wieder erlaubt. Schwelgen Sie in Camembert & Co – möglichst mager.
FLEISCH, rare und rosig, auch ein nicht durchgegartes Steak oder Entenbrust, sind nicht mehr problematisch. Ebenso Tartar, Carpaccio und Mett.

Unverträglichkeiten

Im Sinne der Allergieprophylaxe ist eine vielfältige Kost das Beste fürs Kind. Schränken Sie sich deshalb nicht von vornherein ein. Zwar können Speisen über die Milch auch beim Kind Beschwerden wie Blähungen oder Wundwerden auslösen – müssen aber nicht. Beobachten Sie sich, lassen Sie das verdächtige Lebensmittel probeweise weg. Wenn's nicht hilft, die Einschränkung wieder aufgeben. Wichtig ist auch für Sie, dass Sie sich gesund und vielfältig ernähren.

Das kann Ihrem Kind schaden

ALKOHOL Nach einer Stunde hat Ihre Milch denselben Alkoholgehalt wie Ihr Blut. Ihr Baby kann ihn aber noch nicht abbauen: Er wirkt als Gift. Deshalb Alkohol lieber dauerhaft streichen. Wenn es wirklich einmal ein Glas Sekt sein muss: Trinken Sie es unmittelbar nach dem Stillen, dann ist der Alkohol bis zur nächsten Mahlzeit teilweise abgebaut. Malzbier hat kaum Alkohol – aber dafür jede Menge »leere« Kalorien.

KOFFEIN Auch diese Substanz geht in die Milch über und kann vom Baby nur sehr langsam abgebaut werden, reichert sich also an. Folge: Ihr Kind wird unruhig. Bedenken Sie, dass Koffein nicht nur in Kaffee, sondern auch in Schwarz- und Grüntee, vielen aromatisierten Tees, Eistee, Mate, Cola und Energydrinks enthalten ist. Sogar in Kakao und Schokolade!

NIKOTIN Es geht vom mütterlichen Blut in die Milch über: Gift fürs Baby. Es wirkt appetithemmend, verstärkt Koliken sowie die Gefahr für Allergien und den plötzlichen Säuglingstod. Auch Passivrauchen schadet. Außerdem hemmt Nikotin die Milchbildung.

Das tut dem Baby in der Muttermilch gut

GEGEN BLÄHUNGEN Auslöser können Hülsenfrüchte, Kohl, Knoblauch und Zwiebeln sein, auch Vollkorn in Verbindung mit Zucker. Kräuter und Gewürze helfen via Muttermilch auch dem Baby! Dill, Basilikum, Kerbel, Koriandergrün, Majoran und Zitronenmelisse wirken gegen Blähungen. Bei den Gewürzen helfen Anis, Fenchel, Ingwer, Kardamom, Koriander, Kümmel, Kreuzkümmel, Kurkuma, edelsüßes Paprika, Sternanis und Ceylon-Zimt.
MILCHBILDEND wirken hier Anis, Bockshornklee, Fenchel, Kümmel, Kreuzkümmel; an Kräutern Basilikum und Dill.
BERUHIGEND Lavendel, Melisse, Pomeranze und Eisenkraut enthalten beruhigende Substanzen, die nicht nur Ihren Nerven gut tun, sondern auch Ihr Kind beruhigen; auch Vollkorngetreide, vor allem Gerste und Hafer.

Das ist jetzt besonders wichtig

KALORIEN Der Bedarf steigt bei vollem Stillen mit der gebildeten Milchmenge auf bis zu 600 kcal pro Tag an. Doch gleichzeitig brauchen Sie noch mehr wertvolle Nährstoffe: Besonders hochwertig zu essen ist angesagt.

MINERALSTOFFE kommen aus Ihrem Körperspeicher – ein Mangel geht auf Ihre Kosten. Besonders hoch ist jetzt der Bedarf an Kalzium, Zink und Jod. Aber auch eine Extraportion Eisen und Magnesium ist nötig.

VITAMINE Deren Gehalt in der Muttermilch ist unmittelbar von Ihrer Versorgung abhängig. Die wasserlöslichen B-Vitamine und Vitamin C können nicht gespeichert werden: Tägliche Zufuhr ist wichtig. Besonders stark steigt der Bedarf an Vitamin A.

EIWEISS Muttermilch enthält viel Eiweiß – deshalb steigt Ihr Bedarf daran überproportional an. Achten Sie bei Fleisch, Wurst und Käse darauf, dass der Fettgehalt nicht zu hoch ist. Bei pflanzlichen Fetten ist das egal, weil sie gesund sind.

FETT In Ihrer Milch spiegelt sich Ihr Fettverzehr. Wenn Sie viele Omega-3-Fettsäuren zu sich nehmen, dann profitiert Ihr Kind direkt davon. Das scheint gut fürs Gehirn zu sein und gegen Allergien zu wirken.

Wo ist es drin?

ZWISCHENMAHLZEITEN Ein Extra-Müsli (Seite 99), milde Mehlspeisen oder ein Sandwich (Seite 104), ein Stück Kuchen (Seite 101) oder Gemüsewähe (Seite 61) reichen schon, den erhöhten Bedarf zu decken. Oder eine größere Portion zur Hauptmahlzeit.

MILCHPRODUKTE, FISCH, FLEISCH & NÜSSE liefern besonders viele Mineralstoffe und sollten regelmäßig gegessen werden. Nehmen Sie Jodsalz, und essen Sie Vollkornbrot. Vor allem: Essen Sie regelmäßig.

FRISCHKOST Die meisten Vitamine sind gegenüber Hitze empfindlich: Deshalb sind rohes Obst und Gemüse wichtige Lieferanten. Essen Sie zwei Portionen Obst am Tag und von den täglich drei Portionen Gemüse mindestens eine roh.

KOMBINIEREN SIE Die Mischung der Aminosäuren macht ihren Wert aus. Unterschiedliche Kombinationen aus Ei, Milchprodukten, Getreidevollkorn, Kartoffeln, Hülsenfrüchten, Nüssen, Fleisch und Fisch sind ideal. Vegetarier sollten genug Nüsse und Samen essen.

RAPSÖL & FISCH Kochen Sie mit Rapsöl, wer mag, auch mit Leinöl; essen Sie Walnüsse und viel fetten Seefisch. Auch Margarine mit vielen Omega-3-Fettsäuren auf dem Brot statt Butter wirkt sich positiv aus.

Probleme bei der Mutter…   Das hilft…

ZU WENIG MILCH Kommt bei Wachstums-schüben und Stress vor. Sie sollten alle 2 Stunden insgesamt 2–3 Liter Flüssigkeit über den Tag verteilt trinken, jeden Termin absagen, einen Tag im Bett bleiben und Ihr Baby alle 2 Stunden anlegen. Gönnen Sie sich eine Verschnaufpause.

MILCHBILDEND wirken warme Getränke, milde Getreidegrützen, Nüsse und Mandeln, vollwertige Kuchen und Ihr Lieblingsessen. Wärme tut der Brust gut, Ihren Nerven Ruhe. Lassen Sie jemand Vertrauten mit dem Baby spazieren gehen, nehmen Sie währenddessen ein Entspannungsbad.

ZU VIEL MILCH kann im schlimmsten Fall zu einer Brustentzündung führen. Ausstreichen und Anlegen befreien, regen aber die Produktion an. Legen Sie Ihr Kind an beiden Seiten an, und lassen Sie es keine ganz leer trinken.

SALBEI & MINZE als Tee oder im Essen wir-ken hemmend. Für Tee Salbei 8 Minuten, Minze 5 Minuten ziehen lassen. Trinken Sie insgesamt weniger, aber nicht unter 1,5 Liter. Halten Sie den Busen kühl – Umschläge mit Quark oder essigsaurer Tonerde helfen.

HAARAUSFALL kann nach der Entbindung auftreten, richtig stark aber während und nach dem Abstillen. Grund sind die Hormone.

KEINE PANIK, es wächst wieder. Aufbauend wirken Biotin, Eiweiß und Kieselsäure. Essen Sie viel Hirse, Hefeflocken, Ei und Leber.

ERSCHÖPFUNG hat ihre Ursache häufig in einem Mix aus Schlafmangel, Hormonumstel-lung, fehlender Bewegung und nachlässiger Ernährung: Ihr Leben steht Kopf. An den Hor-monen lässt sich nichts ändern, aber bei Schlaf, Bewegung und Ernährung!

NERVENNAHRUNG Schokolade ist keine. Wohl aber Mandeln und Nüsse – pur und unge-schält. Mixen Sie Weizenkeime und Hefeflocken in Müsli und Suppen. Essen Sie viele frische Kräuter und Beeren. Achten Sie auf möglichst regelmäßige Mahlzeiten.

ZUNAHME Je weniger Sie stillen, desto stärker sinkt Ihr Kalorienbedarf. Also, weiter zu essen wie bisher geht nicht. Die Kalorienbomben müssen weg!

KÖRPERSIGNALE Verwechseln Sie Müdig-keit nicht mit Hunger – statt zu futtern hilft ein Power-Nap (Kurzschlaf). Nichts zwischendurch essen, keine Reste vom Babybrei …

Probleme bei Mutter und Baby…	Das hilft…
WUNDE BRUSTWARZEN können anfangs vorkommen und zu einer Brustentzündung führen. Deshalb sollten Sie in den ersten Wochen Ihre Brust besonders pflegen und Ihr Kind nur 10 Minuten pro Seite trinken lassen.	*LICHT, LUFT & MUTTERMILCH* sind die beste Pflege: Lassen Sie nach dem Trinken die Milchreste trocknen. Pflegen Sie die Warzen mit Rotöl (Johanniskraut): Das heilt und ist fürs Baby ungefährlich.
BRUSTENTZÜNDUNG Sie kann auftreten, wenn die Warzen wund sind oder bei Milchstau. Deshalb bei harten Stellen in einer Brust das Kind auf beiden Seiten trinken lassen. Trotz Schmerzen ist das kein Grund zum Abstillen.	*STILLHÜTCHEN & ABPUMPEN* sind nicht jedermanns Sache, entlasten aber und lassen die Milch weiter fließen. Auch Umschläge mit Quark oder essigsaurer Tonerde mildern die Entzündung. Durchhalten lohnt sich.
BLÄHUNGEN beim Baby sind in den ersten Monaten normal: Sein Verdauungssystem muss erst reifen. Außerdem fehlt körperliche Bewegung, die Luftblasen im Darm lösen helfen: Außer strampeln kann es noch nichts.	*MASSAGE* des Babybauchs, Tragen im Fliegergriff und Gelassenheit helfen. Trinken Sie Tees; würzen Sie mit Kräutern und Gewürzen, die Blähungen lösen (S. 84). Zwischen den Stillmahlzeiten Pausen von mindestens 2 Std. halten.
EIN WUNDER PO kann Ihr Baby quälen. Auslöser können Zitrusfrüchte, Kiwi, Ananas, Beeren oder Essig in Ihrem Essen sein. Die beste Vorbeugung sind häufiges Wickeln und möglichst lange Strampelzeit mit nacktem Po, im Sommer an der frischen Luft.	*MUTTERMILCH* oder Rotöl wirken auch beim Baby heilend. Eincremen hilft ebenfalls. Eine rohseidene Windeleinlage ist heilsam. Essen Sie nicht zu viel Saures, bevorzugen Sie milde Früchte wie Melone, Birne, Pfirsich und Apfelsorten mit wenig Säure wie Elstar.
SCHMECKT'S NICHT? Wenn Ihr Baby die Brust verweigert, kann das viele Gründe haben, auch Unruhe, Stress und Störung. Beobachten Sie, wann die Ablehnung auftritt. Zarte Babys werden beim Trinken schnell müde und müssen gepäppelt werden.	*INTENSIVSPORT* lässt die Milch sauer schmecken. Auch anderes Essen kann Ablehnung hervorrufen. Essen Sie wie in der Schwangerschaft, und trainieren Sie weniger intensiv. Ein schlappes Kind öfter anlegen, wecken Sie es notfalls dazu.

Regelmäßig zu trinken ist wichtig, denn Flüssigkeit können wir nicht speichern wie ein Kamel. Deshalb eine Thermoskanne mit Ihrem Lieblingstee oder heißem Wasser an den Stillplatz stellen. Insgesamt brauchen Sie nicht mehr als 2 Liter, höchstens 3, wenn es heiß ist. Wer viel Obst und Gemüse isst, tankt auch darüber Flüssigkeit. Zu viel zu trinken kann einen gegenteiligen Effekt haben: Die Milch geht zurück.

Wer seinem Kind Ruhe gönnt, sollte den Kaffeekonsum auf 1–2 Tassen, am besten morgens nach dem Stillen, beschränken. Denn das Koffein wird im Körper des Babys nur sehr langsam abgebaut. Der geliebte Kaffee kann durch koffeinfreie Sorten oder Malzkaffee ersetzt werden. Würzen Sie mit Zimt, Kardamom und Vanille und gießen mit Milch auf. Auch Grün- und Schwarztee enthalten etwas Koffein. Kakao und dunkle Schokolade übrigens auch.

Nichts gegen einen frisch gepressten Orangensaft oder ein Glas Apfelschorle. Ansonsten gilt: Limonaden, Säfte und alle Süßgetränke, auch Malzbier, liefern mehr Kalorien, als Sie vermuten – und wenig wertvolle Nährstoffe. Bevorzugen Sie Mineralwasser, wenig oder gar nicht sprudelnd und reich an Hydrogencarbonat. Oder einfach Leitungswasser. Wer das Wasser leid ist, darf auch mal ein alkoholfreies Weizenbier trinken.

Trinkjoghurt, Milchmix und Smoothies sind keine Durstlöscher, sondern eine Zwischenmahlzeit. Wer selten zum Essen kommt, kann damit Defizite decken. Wer Gewichtsprobleme hat, sollte lieber Buttermilch oder Naturmolke trinken, die durch viel Laktose die Verdauung erleichtert. Obst am Stück ist keimarm in seiner natürlichen Verpackung und durch viele Ballaststoffe gesünder als in Form von Smoothie oder Saft.

Kochen Sie gleichzeitig für sich und Ihr Kind!

Ihr Kind soll jetzt noch nicht Spaghetti Bolognese essen! Aber hin und wieder können Sie für sich und Ihr Kind kochen und die Mutterportion erwachsenengerecht aufpeppen. Rezepte dazu gibt es ab Seite 122. Ist das Kind 1 Jahr alt, brauchen Sie nicht mehr so streng zu trennen. Wichtig für eine soziale Entwicklung ist es, möglichst früh gemeinsam zu essen.

Abstillen und abnehmen

ABSTILLEN Wenn Ihr Baby mehr Beikost bekommt, geht im Laufe des 2. Halbjahres mit sinkender Nachfrage auch die Milch zurück. Gerade berufstätige Mütter können oft nur noch morgens und abends stillen. Ein natürliches Abstillen im Einklang mit der Entwicklung Ihres Kindes ist ideal und wird Ihnen beiden gerecht.

ABNEHMEN Wer nicht mehr stillt, braucht etwa 800 kcal weniger! Außerdem schadet Ihr Fettabbau dann nicht mehr Ihrem Baby. Also: Ran an den Speck, denn Mütter müssen keine Matronen sein. Machen Sie jetzt aber trotzdem keine Diät: Das kann zum Jo-Jo-Effekt (schnelle erneute Gewichtszunahme) führen. Aber beschränken Sie sich auf drei Mahlzeiten. Insgesamt sollten Sie, wenn Sie abnehmen wollen, täglich nicht mehr als 1200 kcal zu sich nehmen (s. unten). Vor allem: Keine Reste vom Babybrei aufessen!

WERDEN SIE SPORTLICH Vor lauter Schlafmangel fehlt die Kraft für echte körperliche Aktivität? Viele Fitness-Studios bieten Babybetreuung an. Verabreden Sie sich mit Freundinnen - und fangen Sie an! Sie werden staunen, wie viel Energie das gibt.

Der Abnehm-Fahrplan

MORGENS: Beginnen Sie mit 3 EL Basismüsli (Seite 27), die Mischung mit 150 g fettarmem Naturjoghurt, 1 Handvoll Obststückchen, ein paar Nüssen und 1 TL Honig anmischen.
MITTAGS: Ein Wokgericht (Seite 65), Pasta (Seite 66), Suppe (Seite 62, 115) oder ein Mutter-Kind-Essen (Seite 122–131). Extra-Rohkost dürfen Sie je nach Hunger essen.
ABENDS: Jetzt sind Salate satt erlaubt (Seite 54–57, 116–119) oder 100–150 g Fischfilet, Geflügelbrust, Steak oder Tofu mit einer Portion Dämpfgemüse oder Rohkostsalat.
AUSSERDEM: Tee und Kaffee mit Milch – aber nur mit Süßstoff; kalorienfreie Durstlöscher wie Kräuterwasser (Seite 24). Bei Heißhunger bis zu 1 Handvoll ungeschälte Mandeln knabbern – kein Obst oder Brot. Zucker, Süßigkeiten, Kekse, Snacks sind nicht erlaubt – das alles braucht Ihr Kind auch nicht.

Genießen Sie den Milchbildungstee während des Stillens. Der hilft, sich zu entspannen und fördert den Milchfluss. Die Kräuter und Samen bekommen Sie fertig gemischt oder einzeln lose. Beim Abstillen unterstützt Sie der Salbei-Honig-Tee.

Milchbildungstee

für den Vorrat

FÜR 50 PORTIONEN
100 g Fenchelsamen
100 g Anissamen
100 g Kümmelkörner
100 g Zitronenmelisseblätter
(frisch oder getrocknet)

PRO PORTION: **0 kcal, 0 g EW, 0 g F, 0 g KH**
ZUBEREITUNG: **15 Min.**

1. Die Samen miteinander vermischen und in einer gut verschließbaren Teedose oder einem Glas aufbewahren. Die Zitronenmelisse getrennt aufbewahren.
2. Pro Portion Tee ¼ l Wasser aufkochen. Gleichzeitig 2 TL Samen in einem Mörser zerstoßen, damit die Wirkstoffe frei werden.
3. Die Samen und etwa 2 TL Zitronenmelisse in ein Teeei oder einen Papierfilter geben und mit dem kochenden Wasser übergießen.
4. Den Tee ca. 8 Min. ziehen lassen, dann das Sieb oder den Filter herausnehmen. Vor dem Trinken nach Belieben süßen.

VARIANTEN: Einen Teil der Samen durch Bockshornkleesamen ersetzen. Statt Zitronenmelisse sind auch Brennnessel-, Hopfen- oder Himbeerblätter geeignet.

blitz-schnell

Abstilltee

FÜR 1 PORTION
1 TL Salbeiblätter
1 TL Honig

PRO PORTION: **35 kcal, 0 g EW, 0 g F, 8 g KH**
ZUBEREITUNG: **10 Min.**

1. 200 ml Wasser aufkochen lassen und über die Salbeiblätter gießen. Den Tee 8 Min. ziehen lassen.
2. Den Tee durch ein Sieb in ein Teeglas oder eine Tasse gießen und mit dem Honig süßen.

VARIANTEN: Wenn Ihnen Salbei nicht schmeckt, tauschen Sie ihn durch Pfefferminze aus. Denken Sie aber daran, nicht literweise davon zu trinken. 1–3 Tassen Abstilltee am Tag reichen völlig aus.

Malzkaffee mit Zimt-Nuss-Schaum

FÜR 1 PORTION
2 TL Instant-Malzkaffee
100 ml Milch
 (1,5 % Fett)
1 Prise Zimtpulver
1 TL gemahlene
 Haselnüsse

PRO PORTION: **80 kcal, 4 g EW, 3 g F, 8 g KH,** *ZUBEREITUNG:* **8 Min.**

1. 100 ml Wasser aufkochen, in eine Tasse geben und 2 TL Malzkaffee einrühren.
2. Die Milch erwärmen und schaumig aufschlagen, auf den Malzkaffee gießen. Mit einem Mix aus Zimt und Nüssen bestreuen.

PRAXISTIPP: Schneller geht's, wenn Sie die Milch nicht schäumen. Sie können den Kaffee noch mit 1 TL Rohrohrzucker süßen.
PLUSPUNKT: In Schwangerschaft und Stillzeit sollten Sie nicht mehr als 2 Tassen Bohnenkaffee pro Tag trinken. Malzkaffee auf Getreidebasis ist eine koffeinfreie und milchbildende Alternative. Zimt kurbelt den Kreislauf an. Nüsse und Milch liefern gesundes Eiweiß und Fett.

gehaltvoll

Mandeltraum

FÜR 1 PORTION
30 g geschälte
 Mandeln
10 g Pistazien
1 Msp. gemahlener
 Kardamom
1 EL Honig

PRO PORTION: **300 kcal, 8 g EW, 21 g F, 19 g KH,** *ZUBEREITUNG:* **8 Min.**

1. 200 ml Wasser mit Mandeln, Pistazien und Kardamom in einen kleinen hohen Topf geben und erhitzen.
2. Alles mit dem Stabmixer sehr fein pürieren, dabei aufschäumen und mit dem Honig abschmecken.

PRAXISTIPP: Im Mixer werden die Nüsse noch feiner. Ebenfalls, wenn man sie vorher eine Weile einweicht.
PLUSPUNKT: Mandeln wirken milchbildend und liefern ebenso wie Pistazien gesunde Fette, Eiweiß und jede Menge Mineralstoffe. Kardamom wirkt gegen Blähungen, krampflösend und gleichzeitig wunderbar belebend.

Rotbuschtee mit Apfel

stimmt positiv

FÜR 1 PORTION

2–3 TL Rotbuschtee
1 Gewürznelke
1 Prise Zimtpulver
3–4 getrocknete Apfel-
  stücke
1 Schuss Apfeldicksaft
  (ersatzweise Honig)

PRO PORTION: **15 kcal, 0 g EW, 0 g F, 3 g KH,** *ZUBEREITUNG:* **10 Min.**

1. ¼ l Wasser aufkochen lassen. Rotbusch-tee, Nelke, Zimt und Apfelstückchen in einen Topf geben und das Wasser darüber-gießen. Den Tee 5 Min. ziehen lassen.
2. Den Tee durch ein Sieb gießen und mit Apfeldicksaft süßen.

PLUSPUNKT: Rotbuschtee (auch: Roibusch) enthält kein Koffein, wirkt durchblutungsfördernd und enthält einige wichtige Mineralstoffe wie Fluor. Die Wirkstoffe Querzitin und Querzitrin regen die Produk-tion des Glückshormons Serotonin an. Dadurch kann dieser Tee bei leichten Depressionen, Schlafstörungen und Kopfschmerzen Linderung verschaffen.

Lavendel-Vanille-Milch

entspan-nend

FÜR 1 PORTION

1 Stückchen Vanille-
  schote (2–3 cm)
1–2 TL Lavendelblüten
200 ml Milch
  (1,5 % Fett)

PRO PORTION: **95 kcal, 7 g EW, 3 g F, 10 g KH,** *ZUBEREITUNG:* **8 Min.**

1. Vanilleschote und Lavendelblüten mit der Milch in ein Töpfchen geben, erhitzen und ca. 5 Min. ziehen lassen.
2. Dann die Milch absieben und genießen.

SPEED-TIPP: Schneller geht's, wenn Sie 1 Vanillestange und einige Lavendelblüten am Stiel in ein kleines Schraubglas mit flüssigem Honig einlegen. Nach 2 Wochen sind die Aromastoffe in den Honig überge-gangen, und Sie können damit süßen.
PLUSPUNKT: Vanille kann zusammen mit Lavendel die Stimmung aufhellen und beruhigen. Warme Milch hat ebenfalls einen müdema-chenden Effekt und tut vor allem abends gut.

Schneller Tomaten-Smoothie

FÜR 1 PORTION
5–6 Blättchen
  Basilikum
2–3 Kugeln Mini-
  mozzarella
80 g passierte Tomaten
  (Dose)
100 ml Dickmilch
1 TL Tomatenmark
Salz | Pfeffer
½ Holzspieß

PRO PORTION: **155 kcal, 10 g EW, 10 g F, 6 g KH,** *ZUBEREITUNG:* **10 Min.**

1. Basilikumblätter waschen. Den Mozzarella abwechselnd mit 3 Basilikumblättern auf den Spieß stecken und beiseitelegen.
2. Die restlichen Basilikumblätter mit Tomaten, Dickmilch und Tomatenmark in der Küchenmaschine cremig mixen.
3. Alles mit Salz und Pfeffer würzen und in ein Glas füllen. Den Mozzarella-Basilikum-Stick dazu genießen.

PLUSPUNKT: Mozzarella und Dickmilch versorgen Sie mit Kalzium und Eiweiß. Basilikum hilft bei Blähungen, und die Tomaten liefern reichlich Lycopin. Dieses verringert das Risiko, an Krebs zu erkranken. Zusätzlich wirkt es antioxidativ und kann möglicherweise Herzinfarkte verhindern.

Möhren-Mango-Drink

FÜR 1 PORTION
100 g Mango
150 ml Möhrensaft
1 TL Leinöl oder
  Rapsöl
1 TL Limettensaft
50 ml Buttermilch
½ TL gelbe Leinsamen
1 Minzeblatt
  (nach Belieben)

PRO PORTION: **145 kcal, 3 g EW, 7 g F, 17 g KH,** *ZUBEREITUNG:* **8 Min.**

1. Mango schälen. Das Fruchtfleisch vom Stein schneiden (ca. 60 g) und mit den übrigen Zutaten bis auf die Minze in der Küchenmaschine pürieren.
2. Den Mango-Möhren-Drink in ein Glas gießen und mit dem Minzeblatt garnieren.

PLUSPUNKT: Mangos und Möhren enthalten viel Vitamin A – und das brauchen Sie jetzt ganz besonders: Ihr Bedarf ist um 88 % gestiegen! Es sorgt für gesunde Haut, Haare und Zähne und ist für das Sehvermögen unentbehrlich. Das Fett in Buttermilch und Leinöl unterstützt die Aufnahme von Vitamin A auf gesunde Weise. Die Leinsamen rutschen unverdaut als reiner Ballaststoff durch den Darm, quellen und fördern so die Darmtätigkeit.

Molkedrink mit Melone

FÜR 1 PORTION
100 g Galiamelone
 (oder andere Zucker-
 melone)
2 getrocknete Feigen
150 ml Naturmolke
1 Prise Zimtpulver

**PRO PORTION: 200 kcal, 4 g EW, 1 g F,
44 g KH,** *ZUBEREITUNG:* **10 Min.**

1. Die Melone entkernen, schälen und in
Stücke schneiden. Die Feigen grob hacken
und mit den Melonenstücken in ein hohes
Rührgefäß geben. Alles fein pürieren.
2. Molke und Zimt dazugeben, den Drink
mit dem Pürierstab etwas aufschäumen und
nach Geschmack süßen.

VARIANTE: Buttermilch statt Molke nehmen, sie ist ähnlich eiweiß-
reich, enthält aber weniger Milchzucker.
PLUSPUNKT: Galia- und andere Zuckermelonen enthalten viel
Kalium, Vitamin C und A sowie Folsäure. Folsäure ist in der Stillzeit
genauso wichtig wie während der Schwangerschaft. Sie hilft bei Blut-
armut und bei Störungen der Magen-Darm-Funktion. Molke regt mit
ihrem Milchzucker die Verdauung an.

Bananen-Cocktail

FÜR 1 PORTION
50 g Banane
100 ml Kokosmilch
1 TL Weizenkeim-
 flocken
50 ml Ananassaft
etwas Mineralwasser
Kokosraspel zum
 Dekorieren

**PRO PORTION: 250 kcal, 3 g EW, 17 g F,
19 g KH,** *ZUBEREITUNG:* **7 Min.**

1. Die Banane mit Kokosmilch, Flocken
und Ananassaft pürieren.
2. Das Mus in ein Glas (200 ml) umfüllen
und mit Mineralwasser aufgießen. Den
Cocktail mit Kokosraspeln dekorieren.

PRAXISTIPP: Kalorienärmer wird der Cocktail mit fettarmer Kokosmilch oder mit Buttermilch.
PLUSPUNKT: Reife Bananen sind süß und nahrhaft. Sie enthalten viel
Kalium, Magnesium und die Vitamine B6, B2, C und Folsäure.
Sie sind sehr ballaststoffreich und sorgen somit für eine gute Verdauung. Weizenkeime oder Weizenkeimflocken versorgen Sie zusätzlich
mit Vitamin E, Zink und einigen Vitaminen der B-Gruppe und wirken
sich positiv auf Immunsystem und Körperkraft aus.

Diese beiden leichten Speisen machen lange satt und unterstützen die Verdauung. Porridge fördert mit gesundem Hafer die Milchbildung, ebenso die Graupen. Beide enthalten reichlich Eisen, Magnesium und Zink. Mangos liefern richtig viel Vitamin A. Dies benötigt Ihr Baby für Zellwachstum und Sehvermögen – deshalb hat sich Ihr Bedarf mehr als verdreifacht.

reich an
Eisen

Graupenrisotto mit Pflaume

FÜR 1 PORTION
300 ml Milch (1,5 % Fett)
20 g Perlgraupen
7 entsteinte Soft-Trockenpflaumen
(ca. 30 g)
1 TL Vanillezucker
1 Prise Zimtpulver

PRO PORTION: **320 kcal, 13 g EW, 5 g F, 54 g KH**
ZUBEREITUNG: **35 Min.**

1. Milch und Graupen in einen Topf geben und offen zum Kochen bringen. Alles bei kleiner Hitze in ca. 25 Min. gar köcheln lassen, dabei ab und zu umrühren.
2. Die Pflaumen fein würfeln. Die gegarten Graupen mit Vanillezucker abschmecken, Pflaumen unterziehen und das Risotto in eine Schüssel geben. Mit 1 Prise Zimt bestreuen.

VARIANTE: Zusätzlich können Sie frisches Obst, z. B. Birnen-, Melonen- oder Apfelstücke, dazugeben.

Porridge mit Mango

FÜR 1 PORTION
1 TL Kokosflocken
200 ml Milch (oder Hafermilch)
30 g zarte Haferflocken
2 TL Honig
½ Mango

PRO PORTION: **375 kcal, 11 g EW, 10 g F, 60 g KH**
ZUBEREITUNG: **15 Min.**

1. Die Kokosflocken in einem Topf ohne Fett goldgelb anrösten, dann herausnehmen und beiseitestellen.
2. Milch mit Haferflocken in den Topf geben und zugedeckt bei schwacher Hitze ca. 2 Min. leicht köcheln lassen. Mit 2 TL Honig süßen. Mango schälen, das Fruchtfleisch vom Stein schneiden (ca. 100 g) und würfeln.
3. Den Porridge in ein Schälchen geben, Mangowürfel darüber verteilen und alles mit den gerösteten Kokosflocken bestreuen.

milch-
bildend

VARIANTEN: Statt mit Kuhmilch können Sie dieses Gericht auch mit Hafer-, Kokos- oder Reismilch kochen. Diese sind alle gute Alternativen, wenn man auf Kuhmilch verzichten muss oder möchte. Statt Mango passt auch Melone, statt Hafer auch Hirseflocken.

Ihre verbrauchten Energiereserven können Sie mit diesem gehaltvollen Müsli, mit Getreide und Nüssen, wieder auffüllen. Es wirkt milchbildend, versorgt Sie mit wertvollem Eiweiß und gibt Kraft für den ganzen Tag. Die gesunden Fettsäuren aus den Nüssen benötigt Ihr Baby für die optimale Gehirnentwicklung. Obst und Leinsamen unterstützen die Verdauung.

milch-
bildend

Bircher-Müsli

FÜR 1 PORTION
1 EL Walnusskerne
3 EL kernige Haferflocken
1 EL Leinsamen, gold (S. 146)
1 EL Rosinen
1 Apfel (ca. 150 g)
100 ml Milch (1,5 % Fett)
50 g Sahne

PRO PORTION: **500 kcal, 15 g EW, 30 g F, 44 g KH**
ZUBEREITUNG: **10 Min.** *EINWEICHEN:* **12 Std.**

1. Walnüsse grob hacken. Nüsse, Haferflocken, Leinsamen und Rosinen in eine Schüssel geben, knapp mit Wasser bedecken und über Nacht in den Kühlschrank stellen.
2. Vor dem Essen den Apfel waschen, entkernen und mit der Schale auf der Küchenreibe grob raspeln.
3. Apfel unter das eingeweichte Müsli mengen, Milch und Sahne dazugießen und servieren.

VARIANTEN: Statt Apfel passen auch Beeren, Birne oder Aprikosen, Pfirsich oder Pflaume – je nach Saison. Sie können Milch und Sahne auch durch 150 g Joghurt und 1 EL Rapsöl ersetzen. Wer Gewichtsprobleme hat, ersetzt die Sahne durch Fruchtsaft oder Milch. Natürlich können Sie auch andere Nüsse, Samen oder Getreideflocken (z. B. Hirseflocken) verwenden.

PRAXISTIPPS: Wichtig ist, ausreichend dazu zu trinken. Die Ballaststoffe benötigen Flüssigkeit zum Quellen. Durch das Einweichen quellen Flocken und der Leinsamen – das verbessert die verdauungsanregenden Eigenschaften. Wenn Sie das Einweichen vergessen haben, nehmen Sie lieber zarte Haferflocken, reduzieren die Flüssigkeit etwas und trinken mehr dazu.

Schon ein Stück von diesem Rote Bete-Nusskuchen gibt Ihnen jede Menge gesunde Energie. Die Nüsse sorgen für gute Nerven, das Öl liefert Omega-3-Fettsäuren und die Rote Bete färbt den Kuchen nicht nur schön rot, sondern reichert ihn mit Kalium, Vitamin A, Vitamin C, Eisen, Folsäure und Zink an.

gehaltvoll

Kraftkuchen

FÜR 1 SPRINGFORM (22 CM Ø; 16 STÜCK)

300 g rohe Rote Bete
175 g Walnusskerne
150 g Rohrzucker
2 Eier
200 ml Rapsöl
200 g Vollkornmehl
1 TL Backpulver
2 TL Zimtpulver
½ TL gemahlener Kardamom
½ TL Salz
50 g Honig
Fett und Semmelbrösel für die Form

PRO STÜCK: **285 kcal, 4 g EW, 20 g F, 22 g KH**
ZUBEREITUNG: **35 Min.** *BACKZEIT:* **45 Min.**

1. Den Backofen auf 175° vorheizen. Die Springform einfetten und mit Semmelbröseln ausstreuen.
2. Die Roten Beten mit dem Sparschäler schälen und mit der Gemüsereibe – am besten mit der Küchenmaschine – fein raspeln (s. Tipp). Die Walnüsse grob hacken.
3. Zucker und Eier mit den Quirlen des Handrührgeräts schaumig schlagen. Das Öl langsam dazufließen lassen, dabei weiterrühren. Mehl und Backpulver unterrühren, den Teig mit Zimt, Kardamom und Salz verfeinern.
4. Nach und nach die geraspelten Roten Beten, die Nüsse und den Honig unter den Teig heben. Teigmasse in die Springform geben und im Backofen (Mitte, Umluft 160°) 40 Min. backen.

VARIANTEN: Statt Roter Beten können Sie auch Möhren, Süßkartoffeln oder Hokkaidokürbis nehmen.

VARIANTE HERZHAFTER KRAFTKUCHEN: Lassen Sie Zucker, Honig und Zimt weg. Den Teig stärker salzen, schwarze oder grüne Oliven, getrocknete, fein gehackte Tomaten und Mittelmeerkräuter dazugeben. Auch geriebener Hartkäse oder feine Streifen von luftgetrocknetem Schinken geben eine wunderbare Würze. Mit Salat wird der Kuchen dann zur Hauptmahlzeit.

PRAXISTIPP: Der rote Farbstoff Betacyan in der Bete führt dazu, dass sich Urin und Stuhl verfärben können. Auch die Hände werden rot: am besten mit einer ausgepressten Zitrone abreiben oder Einmalhandschuhe tragen.

Pflaumen-Quark-Aufstrich

FÜR 2 PORTIONEN
6 entsteinte Trocken-
pflaumen
60 ml Orangensaft
2 EL gehackte Hasel-
nusskerne
80 g Magerquark
1 TL Rapsöl

PRO PORTION: **140 kcal, 7 g EW, 6 g F, 13 g KH,** *ZUBEREITUNG:* **10 Min.**

1. Die Pflaumen in grobe Stücke schneiden, mit dem Orangensaft und den Nüssen in der Küchenmaschine pürieren.
2. Pflaumenmus mit dem Quark und dem Öl vermengen und in ein gut verschließbares Schraubglas geben. Der Pflaumenaufstrich hält sich 4–5 Tage im Kühlschrank.

VARIANTE: Anstatt Pflaumen Aprikosen verwenden, die reichlich Beta-Karotin und Eisen enthalten.
PLUSPUNKT: Trockenpflaumen enthalten einen viermal höheren Nährstoffgehalt als frische Pflaumen. Sie sind außerdem zu Recht eine bewährte Waffe gegen Verstopfung. Dazu sollten Sie aber ausreichend trinken – sonst können sie sogar stopfend wirken.

Feigenmus mit Pinienkernen

FÜR 1 PORTION
1 TL Pinienkerne
2 frische Feigen (oder
eingeweichte Trocken-
feigen)
1 Msp. Zimtpulver
1 Scheibe Vollkorntoast
1 TL Margarine

PRO PORTION: **190 kcal, 4 g EW, 7 g F, 28 g KH,** *ZUBEREITUNG:* **15 Min.**

1. Pinienkerne ohne Fett in einer Pfanne rösten. Die Feigen waschen, Stielansätze entfernen, Feigen vierteln und in einen Mixbecher geben. Mit dem Stabmixer fein pürieren, nach Bedarf 1–2 EL Wasser dazugeben.
2. Das Feigenmus mit Zimt abschmecken. Die Toastscheibe toasten, erst mit der Margarine und dann mit dem Mus bestreichen. Die gerösteten Pinienkerne darüberstreuen. Das Mus passt z. B. zu den Knusperbrötchen (Seite 39) oder dem Kastanienbrot (Seite 48).

PLUSPUNKT: Frische Feigen enthalten viel Kalium und Ballaststoffe. Zudem sind sie reich an Eisen, Zink und den Vitaminen B1, B2 und B6. Pinienkerne tragen mit bis zu 80 % ungesättigten Fettsäuren zu einer gesunden Ernährung bei.

Schoko-Tahin

FÜR 1 PORTION
1 EL dunkles Tahin
   (Sesampaste)
1 TL Carobpulver
1 TL Honig
1–2 EL Milch
1 Scheibe Roggenvoll-
   kornbrot
½ Birne (z. B. Abate)
1 TL Margarine
1 TL gehackte Pistazien

PRO PORTION: **350 kcal, 9 g EW, 17 g F, 40 g KH,** *ZUBEREITUNG:* **15 Min.**

1. Tahin, Carobpulver und Honig in einem Schälchen verrühren. So viel Milch dazugeben, dass der Aufstrich gut streichbar ist.
2. Das Brot toasten. Die Birnenhälfte waschen, entkernen und in dünne Scheiben schneiden.
3. Brotscheibe mit Margarine, dann mit Tahin bestreichen und die Birnenscheiben darauflegen. Mit den Pistazien bestreuen.

VARIANTE: Noch mehr nervenstärkende B-Vitamine liefern Bananenscheiben (statt Birne) als Topping.
PLUSPUNKT: Das aus der orientalischen Küche stammende Tahin wird sowohl als helle wie auch dunkle Paste angeboten. Dunkles Tahin wird aus ungeschälten Sesamsamen hergestellt und ist damit reicher an Folsäure, B-Vitaminen und gesunden Fettsäuren.

Nuss-Honig

FÜR 10 PORTIONEN
1 Bio-Orange
50 g Walnusskerne
½ Vanillestange
1 Sternanis
200 g flüssiger Honig

PRO PORTION: **100 kcal, 1 g EW, 3 g F, 17 g KH,** *ZUBEREITUNG:* **10 Min.**
ZIEHEN: **3 Tage**

1. Die Orange waschen und ca. 6 cm Schale abschälen. Die Walnüsse hacken und in einer Pfanne ohne Fett anrösten, bis sie duften.
2. Vanillestange längs aufschneiden und in ein sauberes, gut schließendes Schraubglas legen. Nüsse, Sternanis und Orangenschale hinzufügen und den Honig darübergießen.
3. Den Nusshonig ca. 3 Tage ziehen lassen. Je länger er steht, desto besser schmeckt er.

VARIANTEN: Auch Rosmarin und Thymian, Zimt, Nelken und Ingwer schmecken gut. Statt Orangenschale 1 Kumquat in Scheiben schneiden und einlegen.
PLUSPUNKT: Walnüsse liefern wertvolle Omega-3-Fettsäuren. Sternanis wirkt milchbildend. Orangenöl und Vanille machen glücklich.

entspannend

Avocado plus

FÜR 1 PORTION

½ Beet Kresse
½ reife Avocado
1 EL Zitronensaft
1 EL Tahin (Sesampaste)
1 große Scheibe
  Schwarzbrot (Roggen-
  vollkorn)
Salz | Pfeffer
2–3 Kirschtomaten

PRO PORTION: **420 kcal, 9 g EW, 33 g F, 21 g KH,** *ZUBEREITUNG:* **10 Min.**

1. Die Kresse abbrausen, trocken schütteln und mit der Schere vom Beet schneiden. Avocado entkernen und das Fruchtfleisch aus der Schale heben. Avocado mit der Kresse und dem Zitronensaft zu Mus zerdrücken.
2. Erst das Tahin und dann das Avocadomus auf die Brotschreibe streichen, salzen und pfeffern. Die Tomaten waschen, vierteln und auf dem Brot verteilen.

PLUSPUNKT: Die Kresse wirkt durch ihre Senföle antibakteriell. Avocado enthält reichlich ungesättigte Fettsäuren, viel Lecithin für gute Nerven und ist mild und leicht verdaulich. Zudem liefert sie reichlich Kalium, Magnesium, die Vitamine K, B6 und Biotin, Eisen und Zink. Tahin liefert Eiweiß pur zusammen mit Eisen: ein milder Fitmacher!

eiweiß-reich

Buntes Eierbrot

FÜR 1 PORTION

1 Ei
2 EL Mayonnaise
1 TL Senf
1 TL Sesamsamen
Salz | Pfeffer
¼ rote Paprikaschote
2 EL Schnittlauch-
  röllchen
1 Scheibe Puten-
  schinken
1 große Scheibe
  Mischbrot

PRO PORTION: **445 kcal, 18 g EW, 29 g F, 29 g KH,** *ZUBEREITUNG:* **15 Min.**

1. Das Ei in kochendem Wasser in 7–10 Min. hart kochen. Abschrecken, pellen und fein hacken. Mit Mayonnaise, Senf und Sesamsamen mischen, salzen und pfeffern.
2. Die Paprika waschen, putzen, in kleine Würfel schneiden und mit dem Schnittlauch mischen. Schinken in Streifen schneiden.
3. Das Brot mit Eiercreme bestreichen, mit Paprika und Putenschinken belegen und Schnittlauch darüberstreuen.

PLUSPUNKT: Paprika enthält mehr Vitamin C als Zitrone, und Mayonnaise gesundes Fett aus Öl! So ist der Eiermix ausgewogen und macht satt. Soll das Brot eine ganze Mahlzeit ersetzen, die Zutaten verdoppeln.

macht satt

Makrele mit Zucchini

FÜR 2 PORTIONEN
1 Dose Bio-Makrelen in Öl (88 g Abtropf-gewicht)
1 EL Kapern
1 kleiner Zucchino
½ Bio-Zitrone
Pfeffer
2 Scheiben Vollkornbrot

PRO PORTION: **195 kcal, 12 g EW, 7 g F, 24 g KH,** *ZUBEREITUNG:* **10 Min.**

1. Die Makrelen abtropfen lassen, wenn nötig, säubern und mit dem Stabmixer sehr fein pürieren. Die Kapern hacken. Den Zucchino waschen und zur Hälfte fein reiben. Die Zitrone waschen. Die Schale abreiben, 1 EL Saft auspressen.
2. Diese Zutaten gründlich vermischen. Den Aufstrich mit Pfeffer würzen.
3. Die Brote mit der Creme bestreichen. Restlichen Zucchino in möglichst dünne Scheiben schneiden, auf 1 Brotscheibe legen und die andere daraufsetzen.

VARIANTE: Statt Makrele schmeckt auch Thunfisch in Öl.
PLUSPUNKT: Sardinen sind reich an Omega-3-Fettsäuren, die wichtig für die Gehirnentwicklung sind.

milch-bildend

Pizzabrot

FÜR 1 PORTION
2 Tomaten
1 Handvoll Basilikum-blätter
100 g Mozzarella
1 Mini-Fladenbrot
1 EL Tomatenmark
1 EL Olivenöl
Salz | Pfeffer

PRO PORTION: **750 kcal, 35 g EW, 22 g F, 84 g KH,** *ZUBEREITUNG:* **10 Min.**

1. Tomaten und Basilikum waschen und abtrocknen. Basilikum in Streifen, Tomaten in Spalten schneiden, dabei die Stielansätze entfernen. Mozzarella in Würfel schneiden.
2. Das Fladenbrot toasten. Beide Hälften mit Tomatenmark bestreichen, mit Mozza-rella, Tomaten und Basilikum belegen und mit dem Öl beträufeln, salzen und pfeffern.

TIPP – FRISCHE KRÄUTER: Am besten stellen Sie gleich mehrere Töpfe Basilikum auf Ihr Fensterbrett. Dann können Sie täglich ernten.
PLUSPUNKT: Basilikum wirkt gegen Blähungen und soll die Milchbil-dung anregen. Mozzarella liefert Eiweiß und Kalzium. Olivenöl bringt ungesättigte Fettsäuren mit und Tomaten sind reich an Lycopin.

Diese Suppe hält sich im Kühlschrank mehrere Tage und ist der ideale Stillsnack. Miso ist fermentierte Sojabohnenpaste und vitamin- und eiweißreich. Maronen liefern wie Grieß milde Kohlenhydrate und zusätzlich viel Eiweiß. Bockshornklee und Basilikum gelten als milchbildend.

milch-bildend

Dicke Veggie-Kraftsuppe

FÜR 4 PORTIONEN
500 g Fenchel oder
Staudensellerie
250 g Pastinaken oder
Kartoffeln
4 EL Rapsöl
2 EL Tomatenmark
50 g Vollkorngrieß
1 TL Bockshornkleesamen
50 g Misopaste
250 g Maronen (gegart;
Folienpack)
200 g Sojacreme (s. Info)
1 Bund Basilikum
1 Apfel (ca. 220 g; Boskop)
4 EL Hefeflocken
Sojasauce
60 g Kernmix

PRO PORTION: **535 kcal, 14 g EW, 31 g F, 51 g KH**
ZUBEREITUNG: **40 Min.**

1. Gemüse waschen. Das Grün von Fenchel oder Sellerie abschneiden, hacken und beiseitelegen. Fenchel oder Sellerie putzen und in grobe Stücke schneiden. Pastinaken oder Kartoffeln schälen und ebenfalls in grobe Stücke schneiden.
2. In einem hohen Topf das Öl erhitzen, die Gemüsestücke und das Tomatenmark darin andünsten. Den Grieß und 700 ml Wasser dazugeben. Bockshornklee und Miso hinzufügen und die Suppe zugedeckt bei kleiner Hitze ca. 20 Min. kochen.
3. Ist das Gemüse weich, die Maronen dazugeben und die Suppe mit dem Stabmixer pürieren. Sojacreme dazugeben und die Suppe nach Belieben mit Wasser verdünnen.
4. Basilikum waschen, Blätter abzupfen. Den Apfel waschen, vierteln, entkernen und mit dem Basilikum fein hacken. Samt den Hefeflocken unter die Suppe ziehen, mit 1 Spritzer Sojasauce abschmecken.
5. Kernmix ohne Fett rösten, bis die Kerne duften. Portionsweise mit dem Grün auf die Suppe streuen.

VARIANTEN: Wer etwas Fleisch darin mag, lässt nach dem Pürieren Kasseler in Würfeln oder Wienerle in der Suppe heiß werden. Bockshornklee können Sie auch gegen Kreuz- oder Schwarzkümmel austauschen. Anis gibt zusätzlich eine feine Note.
Statt Pastinaken Möhren oder Rote Bete verwenden, statt Maronen 120 g Nüsse oder Mandeln nehmen und Miso durch gekörnte Gemüsebrühe ersetzen.

INFO: Sojacreme ist ein sahneähnliches Produkt aus Sojabohnen.

Gemüsetopf mit Lachs

FÜR 2 PORTIONEN
150 g Kartoffeln
250 g Staudensellerie
1 EL Rapsöl
100 g Räucherlachs
¼ l Milch (1,5 % Fett)
2 EL Sahnemeerrettich
frisch geriebene
   Muskatnuss

PRO PORTION: **370 kcal, 22 g EW, 22 g F, 22 g KH,** *ZUBEREITUNG:* **15 Min.**

einfach
lecker

1. Kartoffel schälen und in 1 cm große Würfel schneiden. Sellerie waschen, Fäden abziehen und Stangen in ca. 1 cm große Stücke schneiden, Blättchen fein hacken.
2. Öl in einem Topf erhitzen, Kartoffeln und Sellerie darin anschwitzen. 300 ml Wasser dazugießen (nicht salzen) und das Gemüse bei mittlerer Hitze in ca. 15 Min. weich kochen. Mit dem Stabmixer im Topf pürieren.
3. Inzwischen Lachs in schmale Streifen schneiden. Püree mit Milch auf Suppenkonsistenz verdünnen, mit Meerrettich und Muskat abschmecken. Lachsstreifen und Selleriegrün auf der heißen Suppe anrichten.

PLUSPUNKT: Lachs ist reich an Omega-3-Fettsäuren. Sellerie enthält ätherische Öle, die gegen Blähungen wirken. Milch sorgt für Kalzium.

reich an
Folsäure

Rote-Bete-Suppe mit Feta

FÜR 2 PORTIONEN
300 g Rote Bete (gegart;
   Fertigprodukt)
300 ml Gemüsebrühe
1 EL Rapsöl
¼ TL Kümmel
2 EL zarte Haferflocken
2 EL Schmand
100 g mildes Sauerkraut
100 g Feta
Salz | Pfeffer
2 EL Sonnenblumen-
   kerne

PRO PORTION: **335 kcal, 14 g EW, 24 g F, 13 g KH,** *ZUBEREITUNG:* **20 Min.**

1. Die Roten Beten grob zerteilen und mit der Brühe in der Küchenmaschine fein pürieren. Die Masse mit Öl, Kümmel, Haferflocken und Schmand aufkochen und bei kleiner Hitze 5–6 Min. garen.
2. Sauerkraut und Feta fein hacken. In der Suppe erwärmen. Suppe abschmecken, eventuell mit etwas Brühe verdünnen.
3. Die Sonnenblumenkerne in einer Pfanne ohne Fett anrösten, auf die Suppe streuen.

VARIANTE: Rohe Rote Beten schälen (Achtung, sie färben!), raspeln, im Öl andünsten und ca. 20 Min. garen. Milder als mit Sauerkraut wird's mit 1 geraspeltem Apfel.
PLUSPUNKT: Die Suppe enthält reichlich Folsäure und Eisen, Vitamin C und E. Feta und Schmand sorgen für Eiweiß und Kalzium.

Möhrensuppe mit Bockshornklee

milch-
bildend

FÜR 2 PORTIONEN
250 g junge Möhren
4 getrocknete Aprikosen
2 EL Rapsöl
¼ l ungesüßter
   Möhrensaft
½ TL Bockshornklee-
   samen
Salz
mildes Currypulver
50 g Putenschinken
3–4 EL frisch gerie-
   bener Parmesan

PRO PORTION: **340 kcal, 13 g EW, 16 g F, 35 g KH,** *ZUBEREITUNG:* **20 Min.**

1. Möhren waschen, putzen, grob zerteilen und mit den Aprikosen in der Küchenmaschine fein zerkleinern.
2. Das Öl in einem Topf erhitzen, Möhren- und Aprikosenstücke dazugeben und einige Min. dünsten. Mit dem Möhrensaft ablö-schen, Bockshornkleesamen hinzugeben und mit Salz und 1 Msp. Currypulver würzen. Bei kleiner Hitze ca. 5 Min. kochen lassen.
3. Den Putenschinken in feine Würfel schneiden und mit dem Parmesan unter die Suppe ziehen. Möhrensuppe servieren.

PLUSPUNKT: Möhren sind reich an Beta-Karotin und Bioaktivstof-fen. Sie fördern das Sehvermögen und stimulieren das Immunsystem. Bockshornklee wirkt milchbildend.

Kalte Gurkensuppe

erfri-
schend

FÜR 2 PORTIONEN
100 g Krabben
   (Konserve oder TK)
1 kleine Salatgurke
100 g Maiskörner (Dose)
1 EL Rapsöl
200 g Joghurt
   (3,5 % Fett)
Pfeffer | Salz
½ Bund Dill

PRO PORTION: **235 kcal, 15 g EW, 12 g F, 16 g KH,** *ZUBEREITUNG:* **15 Min.**

1. Die Krabben abspülen oder auftauen und abtropfen lassen. Die Gurke waschen, putzen, in Scheiben schneiden und diese mit dem Mais in der Küchenmaschine fein pürieren.
2. Das Gemüsepüree mit Öl, Joghurt, Pfeffer und Salz mischen und abschmecken.
3. Den Dill waschen, die Spitzen abzupfen und hacken. Mit den Krabben auf der kalten Gurkensuppe anrichten.

VARIANTE: Schmeckt zur Saison auch mit frischen Maiskörnern, die man ganz einfach vom Kolben schneidet.
PLUSPUNKT: Mais und Dill gelten als milchbildend, Joghurt wirkt positiv auf die Darmflora, Krabben und Joghurt liefern viel Eiweiß.

Sowohl die Entenbrust als auch die Orangen und der Chinakohl sind reich an Kalium. Dieses reguliert den Wasserhaushalt des Körpers und aktiviert zudem den Eiweiß- und Kohlenhydratstoffwechsel. Der Chinakohl ist leicht bekömmlich, und die Reisnudeln sind blitzschnell und einfach zubereitet.

raffiniert

Wok mit Entenbrust und Nudeln

FÜR 2 PORTIONEN
125 g Reisbandnudeln
Salz
200 g Chinakohl
100 g Sojasprossen
1 Orange (ca. 125 g)
1 kleine Entenbrust (200 g)
Pfeffer
Fünf-Gewürz-Pulver
Sojasauce

PRO PORTION: **590 kcal, 30 g EW, 24 g F, 61 g KH**
ZUBEREITUNG: **25 Min.**

1. Nudeln nach Packungsangabe zubereiten und abgießen. China-kohl waschen und in dünne Streifen schneiden. Sprossen abbrausen.
2. Orange heiß abspülen, dünn etwas Schale abreiben und dann die Frucht schälen, möglichst auch die Haut auf den Filets. Die Orange vierteln, in Scheiben schneiden und den Saft auffangen.
3. Die Haut vom Entenfleisch abtrennen und in feine Streifen schneiden. Entenbrust rundherum mit Pfeffer und Fünf-Gewürz-Pulver würzen, längs halbieren und quer zur Faser in feine Scheiben schneiden.
4. Den Wok erhitzen und die Hautstreifen darin bei mittlerer Hitze ausbraten; herausnehmen und auf Küchenpapier beiseitelegen. Die Entenscheiben kurz in dem Fett anbraten, herausnehmen und eben-falls beiseitelegen. Nudeln in den Wok geben und ca. 2 Min. braten.
5. Chinakohl, Sprossen, Entenfleisch und Orangenstücke samt Schale unter die Nudeln mengen. Alles heiß werden lassen und mit Saft und Sojasauce abschmecken. Vor dem Servieren die knusprige Entenhaut über das Essen geben.

VARIANTEN: Mit den chinesischen Mie-Nudeln (Eiernudeln) geht's noch schneller. Sie können auch die Sprossen weglassen und mehr Chinakohl verwenden. Auch Champignons oder Paprika eignen sich gut für den Wok.

PRAXISTIPP: Statt dem Wok eine hohe Pfanne verwenden.

PLUSPUNKT: Entenfleisch hat viel Kalium, Eisen und einfach ungesättigte Fettsäuren.

Diese beiden nährenden Getreidegerichte machen satt und sind obendrein richtig gesund. Hackfleisch und Käse liefern Eiweiß, Getreide wie Quinoa und Graupen sorgen für Ballaststoffe.

raffiniert

Graupenrisotto mit Gorgonzola

FÜR 2 PORTIONEN
1 EL Olivenöl
120 g Perlgraupen
500 g passierte Tomaten
Salz | Pfeffer
1 Zweig Rosmarin
1 Bund Basilikum
1 Zucchino (ca. 150 g)
100 g Gorgonzola

PRO PORTION: **505 kcal, 20 g EW, 23 g F, 52 g KH**
ZUBEREITUNG: **45 Min.**

1. Das Öl in einem Topf erhitzen und die Graupen darin 1 Min. anschwitzen. Das Tomatenpüree dazugießen, alles salzen und pfeffern.
2. Den Rosmarin waschen und dazugeben. Die Graupen zugedeckt bei kleiner Hitze ca. 25 Min. garen. Gelegentlich umrühren.
3. Basilikum waschen, die Blätter abzupfen und in Streifen schneiden. Zucchino waschen, putzen und fein raspeln. Den Gorgonzola in Stückchen schneiden oder zupfen.
4. Wenn die Graupen weich sind, den Rosmarin entfernen. Anschließend Zucchiniraspel, Basilikumstreifen und Gorgonzola unterziehen, das Risotto mit Salz und Pfeffer abschmecken und servieren.

VARIANTE: Statt Gorgonzola eignet sich auch Weichkäse oder Frischkäse – am besten mit Kräutern.

Quinoa-Hackfleischpfanne

macht satt

FÜR 2 PORTIONEN
250 g Suppengrün
2 EL Rapsöl
200 g Rinderhackfleisch
Salz | Pfeffer
1 TL Currypulver
120 g Quinoa
1 Bio-Orange
50 g Schmand

PRO PORTION: **635 kcal, 33 g EW, 35 g F, 45 g KH**
ZUBEREITUNG: **30 Min.**

1. Das Gemüse gründlich waschen, Sellerie und Möhren schälen. Lauch putzen, nochmals waschen, längs vierteln und quer klein schneiden. Wurzelgemüse grob raspeln.
2. Das Öl in einer Pfanne erhitzen, das Hackfleisch darin krümelig braten, mit Salz, Pfeffer und Curry würzen. Gemüse dazugeben und mitschmoren, bis es beginnt, anzusetzen.
3. 200 ml Wasser angießen, Quinoa dazugeben und alles aufkochen lassen. Zugedeckt bei mittlerer Hitze ca. 12 Min. garen.
4. Orange waschen, die Schale dünn abreiben und den Saft auspressen. 1 EL Saft und die Schale mit dem Schmand verrühren. Restlichen Orangensaft unter die Quinoapfanne ziehen. Schmand dazu reichen.

Eine ausreichende Jodversorgung ist vor allem in Schwangerschaft und Stillzeit wichtig, damit sich Ihr Kind sowohl körperlich als auch geistig optimal entwickeln kann. Seefisch – vor allem Schellfisch – ist die beste Jodquelle und sollte mindestens einmal pro Woche auf dem Speiseplan stehen. Fenchel ist besonders bekömmlich und darüber hinaus reich an Vitamin A und Folsäure.

gibt
Energie

Bunter Fischeintopf

FÜR 2 PORTIONEN
400 g Kartoffeln
1 dünne Stange Lauch (ca. 150 g)
1 Fenchelknolle (ca. 400 g)
1 Stück Ingwer (1 cm)
400 g Schellfisch
Salz | 1 Limette
2 EL Olivenöl
1 kleine Dose geschälte Tomaten (400 g)
Pfeffer
2 EL Schmand

PRO PORTION: **500 kcal, 46 g EW, 18 g F, 38 g KH**
ZUBEREITUNG: **45 Min.**

1. Die Kartoffeln schälen und in 2 cm große Würfel schneiden. Den Lauch putzen, längs aufschlitzen und gründlich waschen, in Ringe schneiden. Den Fenchel waschen, putzen, halbieren und den Strunk entfernen. Die Knolle in 1 cm breite Streifen schneiden. Das Grün hacken und beiseitelegen. Den Ingwer schälen.
2. Den Fisch in Würfel schneiden und salzen. Limette waschen, die Schale dünn abreiben, den Saft auspressen und beides mit dem Fisch mischen.
3. Öl in einem Topf erhitzen, Kartoffeln 1 Min. anbraten, mit 200 ml Wasser aufgießen. Fenchel und Ingwer dazugeben und alles zugedeckt bei mittlerer Hitze ca. 10 Min. garen. Den Lauch 5 Min. mitgaren, dann die Tomaten hinzufügen.
4. Den Eintopf mit Salz und Pfeffer würzen, den Ingwer entfernen.
5. Den Fisch vorsichtig in den Topf geben und in 5–6 Min. (je nach Dicke des Fisches) gar ziehen lassen. Den Eintopf mit einem Klecks Schmand und Fenchelgrün garnieren.

EINKAUFSTIPP: Seefisch ist so gesund, dass man ihn mehrmals pro Woche essen sollte. Andererseits hört man so viel von überfischten Beständen, dass man unsicher ist, welchen Fisch man überhaupt noch guten Gewissens essen darf. Hierbei können die Informationen zum Einkauf aus nachhaltiger Fischerei im Glossar (Seite 146) helfen.

VARIANTEN: Wenn Ihnen die Tomaten zu säuerlich sind, versuchen Sie es mit 400 ml ungesüßtem Möhrensaft und etwas mildem Currypulver. Sie können statt Schellfisch auch Kabeljau oder Seelachs verwenden. Statt Kartoffeln können Sie auch 120 g Reis oder Graupen im Eintopf mitkochen.

Beide Salate sind ein wahrer Hochgenuss. Knackiges Gemüse, gesunde und hochwertige Öle, Kerne und Nüsse sorgen für ein frisches Geschmackserlebnis. Pastinaken enthalten reichlich Kohlenhydrate und wirken reinigend auf den Körper. Frischer Spinat ist gut verträglich und gleicht den Mineralstoffhaushalt aus.

Bündner Pastinaken-Rohkost

gut für die Verdauung

FÜR 1 PORTION
200 g Pastinaken
100 g Feldsalat
70 g Bündner Fleisch
Salz | Pfeffer
1 EL Apfelessig
1 EL Kürbiskernöl
1 EL Kürbiskerne

PRO PORTION: **455 kcal, 34 g EW, 24 g F, 22 g KH**
ZUBEREITUNG: **30 Min.**

1. Pastinaken waschen, schälen und in hauchdünne Scheiben hobeln.
2. Feldsalat gründlich waschen, putzen, trocknen und auf einem großen Teller anrichten. Dann die Pastinakenscheiben und das Bündner Fleisch dekorativ auflegen.
3. Mit Salz und Pfeffer würzen und mit Essig und Öl beträufeln.
4. Kürbiskerne ohne Fett in einer Pfanne rösten und über den Salat geben. Dazu passt 1 Scheibe getoastetes Roggenvollkornbrot.

VARIANTEN: Wenn Sie keine Pastinaken bekommen, können Sie auch 1 rohe Rote Bete fein hobeln und mit Sesamsamen bestreuen. Kein Kürbiskernöl im Haus? Dann nehmen Sie das Öl, das da ist.

Spinatsalat mit Kartoffeldressing

reich an Eisen

FÜR 1 PORTION
1 Kartoffel (ca. 60 g)
1 Ei
125 g frischer Baby-Blattspinat
4 frische Champignons
Salz | Pfeffer
2 EL Aceto balsamico bianco
2 EL Olivenöl
25 g gehackte Walnusskerne

PRO PORTION: **550 kcal, 15 g EW, 48 g F, 17 g KH**
ZUBEREITUNG: **45 Min.**

1. Die Kartoffel waschen und mit Schale in wenig Wasser bei mittlerer Hitze in ca. 20 Min. garen. Das Ei zur Kartoffel geben und 7–10 Min. mitkochen, abschrecken, pellen und halbieren.
2. Den Spinat putzen, waschen und abtropfen lassen. Die Champignons vorsichtig säubern, Stielenden, falls nötig, abschneiden und Pilze in feine Scheiben schneiden.
3. Kartoffel pellen, mit einer Gabel zerdrücken, mit Salz, Pfeffer, 3 EL Wasser, Balsamico und Öl zu einer Vinaigrette rühren. Walnüsse grob hacken und in einer beschichteten Pfanne ohne Fett kurz anrösten.
4. Spinat und Champignons in einer Schüssel vorsichtig mit der Vinaigrette mischen und auf einem großen Teller anrichten. Mit den gerösteten Walnüssen bestreuen und die Eihälften dazusetzen.

Rohkost-Salate werden nicht von jedem gut vertragen. Probieren Sie aus, was Ihnen und Ihrem Kind gut tut. Mild und nahrhaft sind Salate mit Avocado und gegartem Gemüse. Der Käse sorgt für zusätzlich Eiweiß. Spargel regt die Nierenfunktion an, und Artischocken enthalten Inulin, das den Blutzuckerspiegel langfristig stabil hält.

beruhi-
gend

Spargelsalat mit Artischocken-Vinaigrette

FÜR 1 PORTION
200 g grüner Spargel
½ Beet Kresse
2 Artischockenherzen (Glas)
1 kleine, reife Avocado
1 EL Rapsöl
Salz | Pfeffer
20 g Hartkäse, z. B. Parmesan oder Sbrinz

PRO PORTION: **555 kcal, 14 g EW, 53 g F, 5 g KH**
ZUBEREITUNG: **30 Min.**

1. Den Spargel waschen, die Enden abschneiden und das untere Drittel der Stangen schälen. In einem Dämpfeinsatz über kochendem Wasser bei mittlerer Hitze ca. 15 Min. garen. Herausheben, abkühlen lassen und in mundgerechte Stücke schneiden.
2. Die Kresse abspülen trocken schütteln und mit einer Schere vom Beet schneiden. Die Artischockenherzen halbieren und feinblättrig schneiden. Avocado halbieren, den Stein entfernen, Schale abziehen oder mit dem Sparschäler schälen. Avocado in Würfel schneiden und mit 2–3 EL Artischockensud mischen.
3. Avocadowürfel mit Spargelstückchen, Artischockenherzen, Kresse, Öl, Salz und Pfeffer vorsichtig in einer Schüssel mischen und abschmecken. Käse fein hobeln und darüber verteilen. Dazu passen hervorragend Knusperbrötchen (s. Seite 139).

PRAXISTIPP: Sie können den Spargel auch mit einem Gemüse-hobel in feine Streifen schneiden und roh in den Salat geben.

VARIANTEN: Diese gedämpften Gemüsesorten schmecken ebenfalls hervorragend: weißer Spargel, Zuckererbsen, Blumenkohl, Brokkoli, junge Möhren, Staudensellerie, Fenchel und Kohlrabi. Auch Rote Bete und Knollensellerie; diese erst im Ganzen kochen, schälen und aufschneiden.

VARIANTEN MIT FISCH UND FLEISCH: Statt Käse schmecken Krabben, in Streifen geschnittene Putenbrust oder ein hart gekoch-tes, gehacktes Ei.

So lernt Ihr Stillkind essen

Lassen Sie sich von widersprüchlichen Ratschlägen nicht verwirren! Stillen ist in den ersten Monaten die beste Ernährung. Ab Ende des 4. bzw. Anfang des 5. Monats sollte nach und nach Beikost in kleinen Mengen eingeführt werden. Dabei hat sich die Reihenfolge bewährt, die Sie dem Schema entnehmen können. Diese schrittweise Gewöhnung scheint die beste Vorbeugung gegen Allergien zu bieten.

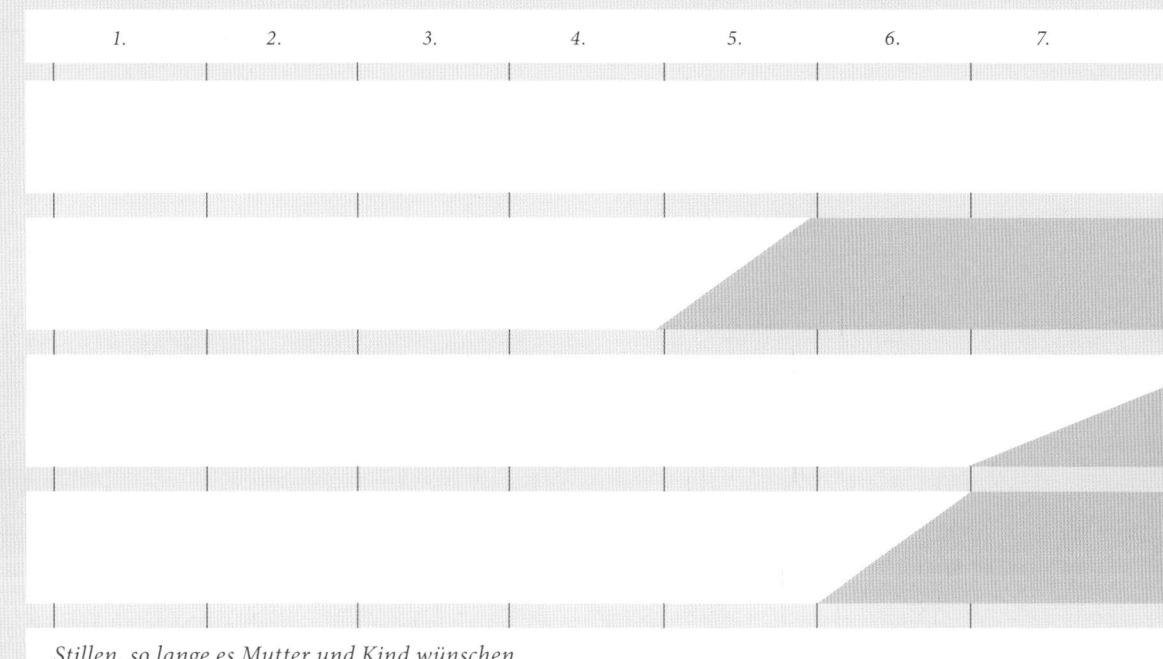

1.   2.   3.   4.   5.   6.   7.

Stillen, so lange es Mutter und Kind wünschen

AM ANFANG MUTTERMILCH: In den ersten vier Monaten versorgt Ihre Milch (oder Säuglingsmilchnahrung teilweise oder ganz) Ihr Baby optimal. Beikost ergänzt ab Ende des 4. Monats die Trinkmahlzeit. Tempo und Umfang bestimmen Mutter und Kind. Die Übersicht gibt eine Anregung. Die Reihenfolge hat Sinn: Eisen sollte zuerst ergänzt werden – das ist im Mittagsbrei. Glutenhaltiges Getreide sollte vor dem 2. Halbjahr eingeführt werden und Kuhmilch gegen Ende des 1. Halbjahres.

BEIKOST SCHRITT FÜR SCHRITT: In den letzten Jahrzehnten galt frühe Beikost und abwechslungsreiche Babykost als verpönt: Allergenvermeidung war die Devise. Heute gilt Allergenkontakt als die bessere Anti-Allergie-Strategie. Das bedeutet nicht, von heute auf morgen eine ganze Mahlzeit zu ersetzen. Führen Sie Löffel für Löffel Gemüsemus ein, das dann z. B. durch Kartoffeln, Öl und Fleisch zum Brei ergänzt wird. Ihr Kind wird die ungewohnte Konsistenz vielleicht erst ableh-

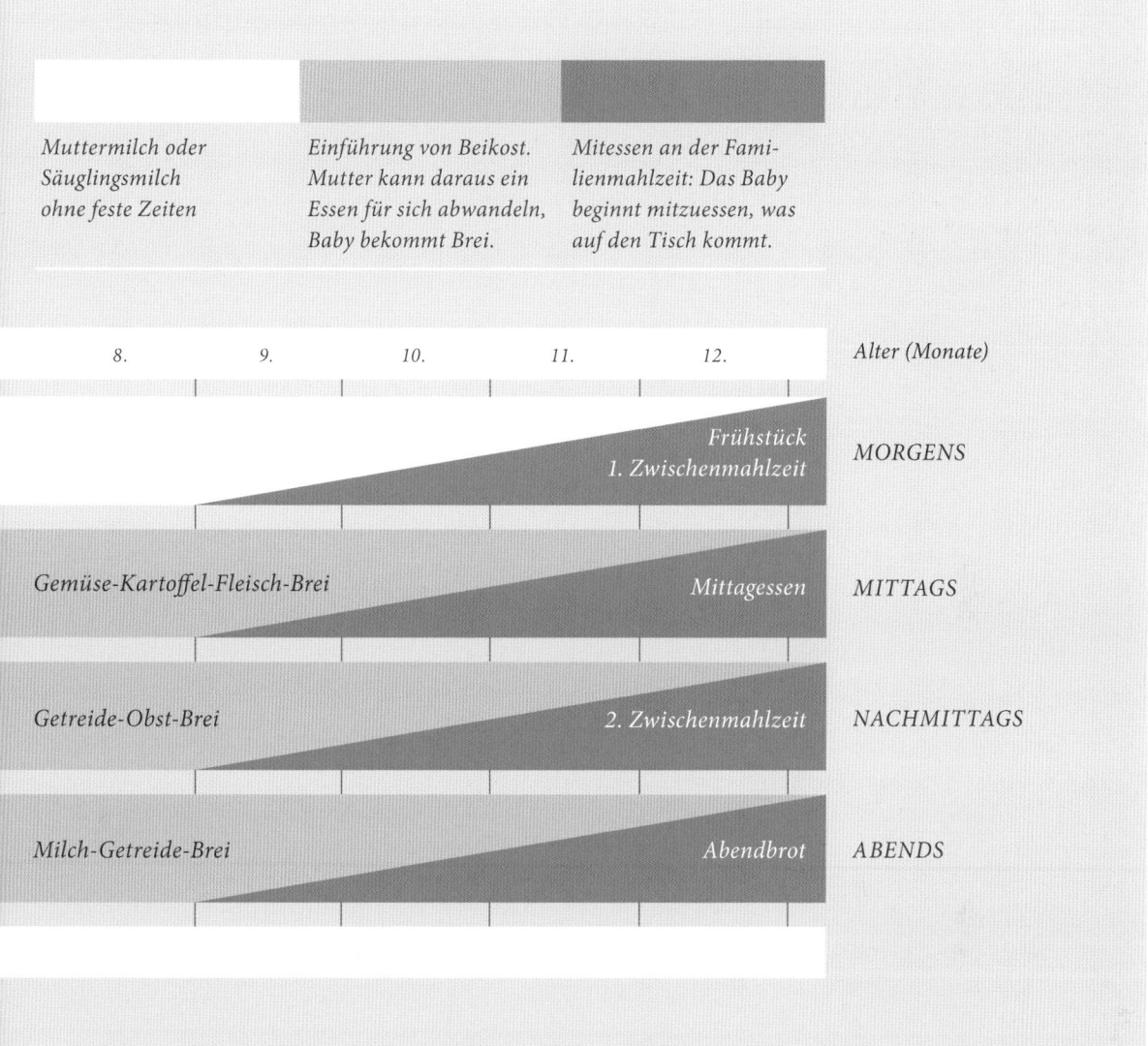

Muttermilch oder
Säuglingsmilch
ohne feste Zeiten

Einführung von Beikost.
Mutter kann daraus ein
Essen für sich abwandeln,
Baby bekommt Brei.

Mitessen an der Fami-
lienmahlzeit: Das Baby
beginnt mitzuessen, was
auf den Tisch kommt.

	8.	9.	10.	11.	12.	Alter (Monate)
					Frühstück 1. Zwischenmahlzeit	MORGENS
Gemüse-Kartoffel-Fleisch-Brei					Mittagessen	MITTAGS
Getreide-Obst-Brei					2. Zwischenmahlzeit	NACHMITTAGS
Milch-Getreide-Brei					Abendbrot	ABENDS

nen. Dann muss die Kost verdünnt werden. Bei den Zutaten brauchen Sie nicht übertrieben vorsichtig zu sein: Fisch scheint sich positiv gegen Allergien auszuwirken, Fleisch ist wegen seines Eisengehaltes sinnvoll, und Gemüse bietet eine Fülle von Vitaminen und Mineralstoffen. Schwer Verdauliches ist fürs Baby zunächst weniger geeignet. Rapsöl ist wegen seiner Fettsäuren zu bevorzugen. Salz ist ganz tabu. Und Milch gibt es im ersten Jahr nur im Abendbrei.

MUTTER-KIND-ESSEN: Auf den nächsten Seiten (bis Seite 131) finden Sie Rezepte, aus denen sich eine Mahlzeit für das Baby abwandeln lässt – damit Sie beide gut versorgt sind. Die Rezepte ab Seite 132 sind ohne Abwandlung für Sie und Ihr Baby, aber auch ältere Kinder geeignet. Denn ab dem 9. Monat kann Ihr Kind in kleinen Mengen das essen, was die Familie isst. So wächst es in eine ganz natürliche Familienkost hinein. Nach dem 1. Geburtstag kann es eigentlich alles mitessen.

Mit Ende des 4. Monats wird mittags der Gemüsebrei als erste Beikost gegeben – mit etwas Fleisch, um den Eisenvorrat des Babys aufzufüllen. Am besten, Sie stillen parallel weiter, das ist die beste Vorbeugung gegen Allergien. Und deshalb gibt es auch ein Süppchen für die Mutter aus den Breizutaten, denn Sesam sowie Hähnchen sorgen auch bei der Mutter für eine Verbesserung der Eisenzufuhr.

einfach lecker

Gemüsebrei fürs Baby
Möhren-Ingwersuppe für die Mutter

ZUTATEN FÜR MUTTER UND BABY AB 4. MONAT

150 g Kartoffeln
300 g Möhren
150 g Hähnchenbrustfilet
2–3 EL Rapsöl
5–6 EL Orangensaft
1 Stück Ingwer (ca. 2 cm)
50 g saure Sahne (10 % Fett)
Salz | Pfeffer
3 TL Sesamsamen (15 g)

ZUBEREITUNG: 45 Min.

PORTION BABYBREI: **245 kcal, 9 g EW, 14 g F, 19 g KH**
PORTION MUTTER: **650 kcal, 36 g EW, 45 g F, 24 g KH**

1. Die Kartoffeln waschen und ungeschält in wenig Wasser bei mittlerer Hitze in 20–25 Min. gar kochen.
2. Möhren waschen, schälen und in kleine Stücke schneiden. In 100 ml Wasser bei kleiner Hitze in ca. 15 Min. weich dünsten. Wenn nötig, noch etwas Wasser dazugeben.
3. Die Kartoffeln schälen und zu den Möhren geben. Alles kurz mit dem Stabmixer pürieren.
4. Für den Babybrei knapp die Hälfte vom Gemüse, etwa 200 g, abnehmen und in einen kleinen Topf geben.
5. 30 g Hähnchenfleisch abnehmen, fein hacken und im Babybrei bei schwacher Hitze ca. 2 Min. kochen, Nochmals pürieren und 1 EL Öl und 2–3 EL Orangensaft dazugeben.
6. Für die Suppe den Ingwer schälen und mit der Knoblauchpresse ins restliche Gemüsepüree (3) drücken. Mit saurer Sahne, Orangensaft, Salz und Pfeffer würzen, fall nötig, mit etwas Wasser verdünnen.
7. Die Hähnchenbrust in Streifen schneiden, mit Salz und Pfeffer würzen, rundherum in Sesamsamen wälzen und in einer Pfanne im übrigen Öl von allen Seiten knusprig braten. In die Suppe geben.

VARIANTEN: Sie können auch Hokkaidokürbis oder Pastinaken statt Möhren nehmen. Wer keine Gewichtsprobleme hat, gibt noch 1 EL Tahin (Sesampaste) in die Suppe.

PRAXISTIPP: Natürlich können Sie Ihre Suppe auch erst dann aufwärmen, wenn Ihr Kind schläft! Später ist es aber der Clou, gemeinsam zu essen.

Gemüsebrei fürs Baby

Möhren-Ingwersuppe für die Mutter

Zucchini-Fisch-Brei fürs Baby

Fischfilet mit Zucchini für die Mutter

Seefisch sorgt für genügend Eiweiß, Omega-3-Fettsäuren und Jod – gerade für Kinder im Wachstum unentbehrlich. Die weiche Struktur des Filets ist ideal für Ihr Baby, damit es den Geschmack von Fisch kennenlernt. Außerdem scheint Fisch vor Ende des 1. Lebensjahres das Allergierisiko zu senken (Seite 14 und 121).

reich an Jod

Zucchini-Fisch-Brei fürs Baby
Fischfilet mit Zucchini für die Mutter

ZUTATEN FÜR MUTTER UND BABY AB 5. MONAT

300 g Zucchini
300 g mehligkochende Kartoffeln
200 g festes Fischfilet
(z. B. Kabeljau, s. Seite 146)
Salz
2 EL körniger Senf
1 ½ EL Rapsöl
1 EL Apfelsaft
Pfeffer
frisch geriebene Muskatnuss
1 EL Schmand

ZUBEREITUNG: **45 Min.**

PORTION BABYBREI: **190 kcal, 10 g EW, 7 g F, 22 g KH**
PORTION MUTTER: **410 kcal, 37 g EW, 19 g F, 22 g KH**

1. Zucchini waschen und putzen, Kartoffeln schälen und beides in grobe Stücke schneiden. Kartoffeln in 100 ml Wasser bei mittlerer Hitze 5 Min. vorkochen, dann Zucchini dazugeben und weitere 10 Min. garen.
2. Den Fisch waschen, trocken tupfen und ein kleines Stück von etwa 30 g abschneiden. Das restliche Filet salzen und mit dem Senf bestreichen. Das gegarte Kartoffel-Zucchini-Gemüse mit der restlichen Flüssigkeit zu einem Püree stampfen.
3. Für Ihr Baby etwa die Hälfte vom Gemüsebrei abnehmen und in einen kleinen Topf geben. Die 30 g Fischfilet dazugeben und alles bei schwacher Hitze ca. 2 Min. garen.
4. Nach Bedarf pürieren oder den Fisch mit der Gabel ein bisschen zerpflücken. Zum Schluss ½ EL Öl und 1 EL Apfelsaft unterheben.
5. Das Püree für die Mutter mit Salz, Pfeffer, 1 Prise Muskat und Schmand würzen und warm halten.
6. 1 EL Öl in einer beschichteten Pfanne erhitzen und das Fischfilet darin bei mittlerer Hitze von allen Seiten braten, bis es durchgegart ist. Den gebratenen Fisch mit dem Gemüse-Kartoffelstampf anrichten.

VARIANTEN: Sie können anstelle von Zucchini auch Kürbis, Kohlrabi, Brokkoli, Fenchel, Mangold, Möhren oder Pastinaken verwenden – dann das Gemüse von Anfang an zusammen garen. Tomaten und Spinat wie Zucchini behandeln. Ebenso gesund sind Lachs, Seelachs oder ein anderer Seefisch, am besten aus nachhaltiger Fischerei (Seite 146). Jodärmer, aber eiweißreich sind die Zuchtfische Pangasius, Zander oder Tilapia.

Vollkornreis hat viele Vitamine, Ballast- und Mineralstoffe und schmeckt kernig-nussig. Allerdings hat er eine relativ lange Garzeit. Ergänzt durch Erbsen und Parmesan, liefert er ausreichend Eiweiß und macht dadurch richtig satt.

milchbil-dend

Vegetarischer Brei fürs Baby
Vegetarisches Risotto für die Mutter

*ZUTATEN FÜR MUTTER
UND BABY AB 5. MONAT*
3 EL Rapsöl
120 g parboiled Vollkornreis
1 milder Apfel (z. B. Topaz)
1 Bund Basilikum
**200 g frische Erbsen
(oder TK, aufgetaut)**
1 TL mildes Currypulver
Salz | Pfeffer
**30 g frisch gehobelter
Parmesan**

ZUBEREITUNG: **45 Min.**

PORTION BABYBREI: **500 kcal, 13 g EW, 22 g F, 26 g KH**
PORTION MUTTER: **585 kcal, 21 g EW, 27 g F, 64 g KH**

1. 1 EL Öl in einen Topf geben, erhitzen, den Reis hinzufügen und glasig dünsten, dabei rühren. 300 ml Wasser hinzugeben, aufkochen und den Reis zugedeckt bei kleiner Hitze 30–35 Min. quellen lassen.

2. Den Apfel waschen, vierteln und das Kerngehäuse entfernen. Den Apfel in kleine Würfel schneiden. Basilikumblätter von den Stielen zupfen, waschen und grob hacken.

3. Für den Babybrei jeweils die Hälfte der Erbsen und des Apfels in 1 EL Öl andünsten. Die Hälfte des gekochten Reises und 1 EL Parmesan dazugeben und alles 5 Min. bei mittlerer Hitze garen. Alles mit einem Stabmixer zerkleinern und ca. 50 ml Wasser dazugeben, sodass ein saftiger Brei entsteht. Vor dem Essen nochmal kurz erwärmen.

4. Für die Mutter 1 EL Öl in einem separaten Topf erhitzen, den restlichen Apfel mit Erbsen und Currypulver darin kurz andünsten. Dann den Reis unterziehen und alles kräftig mit Salz und Pfeffer würzen.

5. Zum Schluss den Parmesan und das Basilikum unterziehen.

VARIANTEN: Milder wird es mit Birne und Butterrüben oder Pastinaken, exotischer mit Ananas und Sellerie, italienisch mit Tomate statt Apfel und Zucchini. Wer lieber vegan isst, ersetzt den Parmesan durch 30 g gemahlene Nüsse.

PRAXISTIPP: Normalerweise hat Vollkornreis eine Garzeit von etwa 40 Min. Kein Problem, wenn Sie rechtzeitig starten und ausreichend Wasser dazugeben. Wenn es schnell gehen muss, ist parboiled Reis besser. Noch schneller: Reis vom Vortag und Erbsen aus der Dose.

Vegetarisches Risotto für die Mutter

Vegetarischer Brei fürs Baby

Spinat-Kartoffelbrei mit Ei fürs Baby

Wachseier mit Spinat und Kartoffeln für die Mutter

Spinat enthält tatsächlich extraviel Eisen – ideal für ein vegetarisches Essen. Er ist aber wie alle Blattgemüse eher nitratreich. Kein Problem für Babys ab 9 Monaten – nur aufwärmen oder länger warm halten sollten Sie ihn nicht. Kartoffeln und Ei liefern zusammen hochwertigeres Eiweiß als Fleisch: ein ideales vegetarisches Gericht.

reich an
Eiweiß

Spinat-Kartoffelbrei mit Ei fürs Baby
Wachseier mit Spinat
und Bratkartoffeln für die Mutter

ZUTATEN FÜR MUTTER
UND BABY AB 6. MONAT
300 g Kartoffeln
2 Eier (Größe M)
300 g Spinat (frisch oder TK)
2 EL Rapsöl
1 TL Butter
2 EL Orangensaft
1 Zwiebel
Salz | Pfeffer
20 g Schinkenwürfel
(Sorte nach Geschmack)
1 EL Schmand
frisch geriebene Muskatnuss

ZUBEREITUNG: **40 Min.**

PORTION BABYBREI: **250 kcal, 11 g EW, 15 g F, 19 g KH**
PORTION MUTTER: **495 kcal, 23 g EW, 34 g F, 24 g KH**

1. Kartoffeln waschen und in wenig Wasser bei mittlerer Hitze in ca. 20 Min. kochen. Kurz abkühlen lassen und pellen. Die Eier in ca. 6 Min. wachsweich kochen, abschrecken und pellen.

2. Den frischen Spinat waschen, putzen und grob hacken. In einem Topf 1 EL Öl erhitzen, den Spinat (TK gefroren) hineingeben und bei mittlerer Hitze in 2–3 Min. zusammenfallen lassen.

3. Für den Babybrei die Hälfte vom Spinat abnehmen und mit 1 großen Kartoffel und ½ gekochten Ei zerdrücken oder pürieren. Butter und Orangensaft dazugeben und unterrühren. Den Brei warm stellen.

4. Die Zwiebel schälen und fein würfeln. Die übrigen Kartoffeln in ½ cm dicke Scheiben schneiden. 1 EL Öl in einer Pfanne erhitzen, Kartoffeln und Zwiebeln darin kross anbraten und goldbraun werden lassen. Mit Salz und Pfeffer würzen. Die Schinkenwürfel kurz mitbraten.

5. Spinat für die Mutter mit Schmand, Salz, Pfeffer und 1 Prise Muskat würzen. Die Bratkartoffeln mit dem Spinat und den 3 Eihälften anrichten.

VARIANTEN: Statt harten Eiern können Sie auch Rühr- oder Spiegelei machen und entsprechend aufteilen. Das Eigelb sollte aber durchgegart sein. Statt Bratkartoffeln können Sie auch schnell die Pellkartoffeln in den Spinat schneiden: Das spart Kalorien.

PRAXISTIPP: Wenn Sie nach Ihrem Kind essen: Spinat kühl stellen und kurz, bevor Sie essen, erhitzen. Denn Nitrit (s. Seite 145) entsteht vor allem bei längerem Warmhalten.

Gemüse-Fleisch-Brei fürs Baby

Spaghetti-Bolognese für die Mutter

Sie gönnen sich den Klassiker, und Ihr Baby wird den leckeren Mittagsbrei genießen. Vollkornnudeln liefern ausreichend Ballaststoffe und Kohlenhydrate. Lauch unterstützt durch die Senföle die Verdauung, und Rindfleisch sorgt mit Eisen und Vitaminen der B-Gruppe für mehr Leistungsfähigkeit.

gut für die Verdauung

Gemüse-Fleisch-Nudel-Brei fürs Baby
Spaghetti-Bolognese für die Mutter

ZUTATEN FÜR MUTTER UND BABY AB 7. MONAT

150 g Möhren
1 kleine Stange Lauch
2 EL Rapsöl
80 g Rinderhackfleisch
2 TL Tomatenmark
200 g passierte Tomaten (Tetrapack)
150 g Vollkorn-Spaghetti
Salz | Pfeffer
1 TL getrockneter Organo
2 EL Sahne

ZUBEREITUNG: **35 Min.**

PORTION BABYBREI: **340 kcal, 14 g EW, 13 g F, 42 g KH**
PORTION MUTTER: **955 kcal, 31 g EW, 37 g F, 74 g KH**

1. Möhren putzen und schälen. Auf der Rohkostreibe grob raspeln. Lauch putzen, längs aufschlitzen, gründlich waschen und in dünne Stücke schneiden.
2. 2 EL Öl in einem Topf erhitzen und das Hackfleisch darin krümelig braten. Möhrenraspel und Lauch dazugeben und 2 Min. mitschmoren. Tomatenmark und passierte Tomaten hinzugeben und alles 10 Min. köcheln lassen.
3. Inzwischen die Spaghetti in reichlich Salzwasser bissfest kochen; abgießen und abtropfen lassen.
4. Für den Babybrei ca. 50 g Nudeln und ein gutes Drittel (ca. 200 g) der Hackfleischsauce in eine Schüssel geben. Nudeln und Sauce mit dem Stabmixer pürieren.
5. Bolognese für die Mutter mit Salz, Pfeffer und Oregano abschmecken, einmal aufkochen lassen. Sahne unterrühren und die Bolognese zusammen mit den Nudeln servieren.

VARIANTEN: Zucchini, Sellerie, Pastinaken oder auch Pilze eignen sich hervorragend für diese Bolognese. Wenn Sie es mal vegetarisch mögen, ersetzen Sie einfach das Hackfleisch durch viel Gemüse oder Tofu. Besonders würzig-pikant wird die Mutterportion mit 1 EL Ajvar (Paprikapaste).

PRAXISTIPP: Wenn Ihr Kind schon stückigere Kost bewältigt, reicht es, Nudeln und Sauce nur grob zu zerdrücken.

Ein Happs fürs Baby, zwei für die Mami: Hier dürfen Sie und Ihr Kind ab dem 6. Monat dasselbe essen. Der Pfannkuchen kann den Abendbrei, aber auch den Mittagsbrei ersetzen. Pfannkuchen sind ein absoluter Klassiker für Kinder, diese Variante mit Birne ist gut verträglich und saftig. Birne ist säurearm und enthält viel Kalium. 1050er-Mehl ist fein, aber doppelt so nährstoffreich wie Weißmehl.

reich an
Kalium

Birnen-Pfannkuchen

FÜR 3 PFANNKUCHEN
100 g Weizenmehl (Type 1050)
1 Msp. Salz
1 Msp. Zimtpulver
1 EL Rohrzucker
1 Ei
150 ml Milch
1 kleine Birne
3 TL Rapsöl zum Braten
3 TL Fruchtaufstrich oder
etwas Puderzucker

PRO PORTION: **260 kcal, 8 g EW, 8 g F, 38 g KH**
ZUBEREITUNG: **30 Min.**

1. Das Mehl mit Salz, Zimt und Zucker mischen. Dann das Ei aufschlagen und unterrühren. Zum Schluss die Milch dazugeben und alles mit dem Schneebesen glatt rühren.
2. Die Birne waschen, auf einer Reibe rundherum grob raspeln, bis das Kerngehäuse übrig bleibt. Birnenraspel unter den Teig ziehen.
3. Eine kleine beschichtete Pfanne erhitzen. 1 TL Rapsöl hineingießen und ein Drittel des Teiges in die Pfanne geben. Die Pfanne dabei so drehen, dass sich der Teig gleichmäßig verteilt. Einen Deckel auflegen, den Teig bei mittlerer Hitze in ca. 3 Min. goldgelb backen.
4. Dann den Pfannkuchen wenden und in 2–3 Min. fertig backen. Aus dem übrigen Teig 2 weitere Pfannkuchen backen.
5. Die Pfannkuchen vor dem Essen mit Fruchtaufstrich bestreichen oder mit Puderzucker bestäuben.

VARIANTEN: Sie können den Pfannkuchenteig auch ganz schlicht ohne Birne backen. Dazu passen dann Obstsalat, Apfelmus oder der Fruchtaufstrich von Seite 140. Auch gut schmeckt dazu die Quark-Kokos-Creme (Variante) von Seite 47. Statt Birne schmeckt auch Apfel.

VARIANTE SCHOKOPFANNKUCHEN: Geben Sie zusätzlich 2 TL Carobpulver in den Teig. Dann eventuell Bananenscheiben statt Birne dazugeben.

Mit diesen köstlichen Varianten des Abend-Milchbreis wird Ihnen warm ums Herz. Sie sind nährend und spenden Energie. Das Kalzium der Milch sorgt für stabile Knochen und Zähne Ihres Babys und schützt Sie vor Osteoporose. Dieses Mal ist Ihre Portion ebenso groß wie die Ihres Kindes: Für Sie ist es ein Dessert, für das Baby (ab 6. Monat) der Abendbrei!

blitz-schnell

Grießbrei mit Melone

FÜR 2 PORTIONEN
400 ml Milch (1,5 % Fett)
50 g Vollkorngrieß
1 TL Ahornsirup
150 g Charentais-Melone (oder andere Zuckermelone)
2 EL Sahne

PRO PORTION: **255 kcal, 10 g EW, 8 g F, 36 g KH**
ZUBEREITUNG: **15 Min.**

1. Die Milch in einem Topf erwärmen. Den Grieß dazugeben, alles einmal aufkochen und unter ständigem Rühren 1 Min. köcheln lassen. Dann den Ahornsirup unterziehen und den Brei beiseitestellen.
2. Die Melone schälen, die Kerne entfernen und das Fruchtfleisch in ca. 2 cm große Würfel schneiden.
3. Den Grießbrei mit den Melonenwürfeln vermischen, auf zwei Schälchen verteilen und mit je 1 EL Sahne begießen.

VARIANTEN: Statt Melone passen Pfirsich, Mango, aber auch Mandarinenstückchen aus der Dose oder Quittenkompott.

Joghurt-Polenta mit Beerenmark

gibt Energie

FÜR 2 PORTIONEN
¼ l Milch (1,5 % Fett)
60 g Polentagrieß
1 EL gemahlene Mandeln
½ Pck. Vanillezucker
150 g Naturjoghurt (1,5 % Fett)
100 g Erd- oder Himbeeren
1 TL Zucker nach Geschmack

PRO PORTION: **275 kcal, 11 g EW, 8 g F, 39 g KH**
ZUBEREITUNG: **30 Min.**

1. Die Milch mit dem Polentagrieß zum Kochen bringen. Mandeln, Vanillezucker und Joghurt unterziehen und bei kleiner Hitze ca. 5 Min. quellen lassen, dabei öfter umrühren.
2. Die Beeren waschen, putzen und mit dem Stabmixer fein pürieren. Joghurt-Polenta auf zwei Schälchen verteilen und mit dem Beerenmark übergießen.

PLUSPUNKT: Maisgrieß ist glutenfrei und somit für Allergiker hervorragend geeignet. Erdbeeren wirken tonisierend und gleichen den Mineralstoffhaushalt aus.

Die Waffeln mit Apfelmus sind eine gute Alternative zum Nachmittagsbrei ab dem 8. Monat. Deshalb sind sie bewusst einfach und ohne Milch. Hafer und Öl steuern gesunde Fettsäuren bei. Rosinen liefern Eisen und Kalium. Äpfel enthalten Pektin und Zellulose, die verdauungsfördernd wirken. Die Menge reicht für 2 Portionen: Laden Sie sich doch Ihre Freundin mit Baby ein!

ohne
Milch

Hafer-Waffeln mit Apfelmus

FÜR 6 WAFFELN
1 Ei
5 EL Rapsöl
2 EL Zucker
150 g zarte Haferflocken
Salz
½ TL Zimtpulver
¼ l Apfelsaft
3 süße Äpfel
2 EL Rosinen
Öl für das Eisen
Puderzucker nach Belieben
Waffeleisen

PRO PORTION: **270 kcal, 5 g EW, 13 g F, 33 g KH**
ZUBEREITUNG: **20 Min.,** *QUELLEN:* **20 Min. + Backzeit**

1. Das Ei mit Öl und Zucker verquirlen. Haferflocken, 1 Prise Salz und den Zimt im Wechsel mit dem Apfelsaft unterrühren. Den Teig 20 Min. quellen lassen und bei Bedarf etwas Flüssigkeit dazugeben.
2. Die Äpfel waschen, vierteln und dabei die Kerngehäuse entfernen. Äpfel klein schneiden und in einem kleinen Topf mit 2–3 EL Wasser zugedeckt zum Kochen bringen. Bei kleiner Hitze in ca. 8 Min. weich kochen. Mit dem Stabmixer pürieren, die Rosinen dazugeben.
3. Das Waffeleisen vorheizen, die Backfläche mit Öl bepinseln. Pro Waffel 3–4 EL Teig in die Mitte des Waffeleisens geben und gleichmäßig mit einem Löffel oder einem Teigschaber verteilen. Den Deckel schließen und jede Waffel in 3–5 Min. goldgelb ausbacken.
4. Waffeln nach Geschmack leicht mit Puderzucker bestäuben, mit dem Apfelmus essen.

VARIANTEN: Statt Haferflocken können Sie auch Weizen- oder Dinkelmehl nehmen oder alles mischen. 50 g davon lassen sich durch gemahlene Nüsse ersetzen – dann darf Baby aber erst nach dem 9. Monat mitessen. Statt Apfelsaft andere Fruchtsäfte, Buttermilch oder fettarme Milch nehmen.

PRAXISTIPPS: Waffeln lassen sich prima einfrieren und nach Bedarf im Toaster aufbacken. Sie können auch den Teig 2–3 Tage im Kühlschrank aufbewahren und die Waffeln frisch backen. Apfel- oder Fruchtmus lässt sich gut in größeren Mengen herstellen. Kochen Sie gleich die doppelte oder dreifache Menge. Das Mus einfrieren oder in einem Schraubdeckelglas im Kühlschrank 2–3 Tage aufbewahren.

Fenchel tut dem Magen gut, und Rosmarin regt an. Gesunde Fette in Öl und Nüssen tun Haut und Nerven gut, Ballaststoffe in Apfel und Feigen regen die Verdauung an, Dinkel und Haferflocken liefern lang sättigende Kohlenhydrate. Ein toller Knabbersnack für die kleinen Zähnchen, wenn das Kind 1 Jahr alt ist. Ein Brötchen kann mit ein paar Apfelspalten den Nachmittagsbrei ersetzen – Trinken nicht vergessen!

Süße Knusperbrötchen

stärkend

FÜR 20 BRÖTCHEN
1 TL Fenchelsamen (für Tee)
1 EL Rosmarinnadeln
2 EL Zucker
1 Bio-Orange
1 Apfel
200 g Dinkelmehl
50 g zarte Haferflocken
50 g gemahlene Walnusskerne
1 Pck. Trockenhefe
1 Msp. Salz
50 g getrocknete Feigen
Mehl zum Arbeiten
2–3 EL Haferflocken
zum Bestreuen
Backpapier

PRO STÜCK: **75 kcal, 2 g EW, 2 g F, 12 g KH,** *ZUBEREITUNG:* **40 Min.**
RUHEZEITEN: **50 Min.,** *BACKZEIT:* **20 Min.**

1. Fenchelsamen und Rosmarin mit 100 ml kochendem Wasser überbrühen und 10 Min. ziehen lassen. Durch ein Sieb abgießen und den Zucker zum Tee geben.
2. Die Orange waschen, die Schale dünn abreiben und den Saft auspressen. Den Apfel waschen, vierteln und entkernen. Apfel mit dem Saft in der Küchenmaschine pürieren.
3. Mehl, Haferflocken, Nüsse, Hefe und Salz mischen. Die Feigen fein hacken, mit Apfelraspeln, Tee, Orangensaft und -schale unterheben und kneten, bis der Teig elastisch ist. Den Teig abgedeckt an einem warmen Ort 30 Min. gehen lassen.
4. Backblech mit Backpapier auslegen. Den Teig auf etwas Mehl kneten, eventuell etwas Flüssigkeit dazugeben. Teig zu einer ca. 2 cm dicken Rolle formen und pflaumengroße Stücke abschneiden. Diese Stücke zu Brötchen formen und mit Abstand auf das Blech setzen.
5. Teiglinge abgedeckt 10–15 Min. ruhen lassen, den Backofen auf 200° (Umluft 180°) vorheizen. Brötchen mit etwas Wasser bepinseln, mit Haferflocken bestreuen und im Ofen (Mitte) ca. 20 Min. backen.

VARIANTEN: Statt Raspelapfel passen auch geraspelte Möhren oder Rote Bete. Den Orangensaft können Sie gegen Apfelsaft austauschen und zum Würzen etwas Zimt nehmen. Die Feigen lassen sich durch andere Trockenfrüchte ersetzen, und statt Dinkelmehl können Sie auch Weizenmehl (Type 1050) nehmen.
Zu den Brötchen passen die Aufstriche auf Seite 34 (Ziegenkäsecreme), 36, 102, 103 und 140. Außerdem sind sie feine Begleiter für den Möhren-Orangen-Salat (Seite 54) und den Spargelsalat (Seite 118).

Statt nachmittags einen Getreidebrei zu löffeln, kann Ihr Kind ab 9 Monaten auch ein Stück Brot mit etwas Fruchtaufstrich essen. Auch beim Frühstück oder Abendbrot mag es vielleicht einen Happs mitessen. Mit beiden Aufstrichen kein Problem. Streichen Sie den Aufstrich aber nur dünn aufs Brot, sonst wird es zu gehaltvoll. Übrigens: Am Ende des 1. Lebensjahres verträgt Ihr Kind alle Aufstriche in diesem Buch.

Kalt gerührter Fruchtaufstrich

gut für die Verdauung

FÜR 10 PORTIONEN
100 g Erdbeeren
100 g reife Banane
¼ Vanilleschote
2 EL Zucker
1 TL Johannisbrotkernmehl

PRO PORTION: **25 kcal, 0 g EW, 0 g F, 6 g KH**
ZUBEREITUNG: **15 Min.**

1. Erdbeeren waschen, abtropfen lassen und putzen. Die Banane schälen und klein schneiden. Die Vanilleschote längs aufschlitzen und das Mark herauskratzen.
2. Beide Obstsorten mit Zucker, Vanillemark und Johannisbrotkernmehl in der Küchenmaschine ca. 4 Min. lang pürieren.
3. Das Fruchtmus in ein Schraubdeckelglas füllen und im Kühlschrank aufbewahren. Es bleibt etwa 1 Woche frisch.

VARIANTEN: Mild und leicht stopfend wirkt Birne mit Heidelbeeren, verdauungsanregend Himbeere mit Pfirsich oder Melone. Schmeckt auch toll in Joghurt oder auf Quarkbrot.

PRAXISTIPP: Johannisbrotkernmehl braucht Zeit zum Quellen. Streichfest ist der Aufstrich deshalb erst nach 1–2 Std.

raffiniert

Lachscreme

FÜR 6 PORTIONEN
150 g Kartoffeln
50 g Räucherlachs
1 EL Schmand (20 % Fett)
1 Msp. geriebener Meerrettich

PRO PORTION: **45 kcal, 3 g EW, 2 g F, 3 g KH**
ZUBEREITUNG: **30 Min.**

1. Kartoffeln ungeschält in wenig Wasser je nach Größe in 20–25 Min. gar kochen, kalt abschrecken und pellen. Mit einer Gabel zerdrücken.
2. Den Räucherlachs fein hacken, mit dem Schmand und dem Meerrettich unter die Kartoffeln mischen.
3. Die Creme in ein Schraubdeckelglas füllen und im Kühlschrank aufbewahren. Sie bleibt etwa 1 Woche frisch.

VARIANTEN: Schmeckt auch mit 50 g Ziegenfrischkäse statt Lachs oder mit Sardinen oder Makrelen in Öl.

PRAXISTIPP: Kartoffeln nicht pürieren: Sie werden sonst kleistrig.

Im Bild links: Lachscreme | rechts: Fruchtaufstrich

Für besondere Anlässe, wie zum Beispiel den 1. Geburtstag Ihres Babys, gibt es diesen wunderbar weichen Bananenkuchen. Verrückte bunte Torten sind nichts für Babys und Kleinkinder. Doch diesen Kuchen können schon die Kleinsten ab 9 Monaten mitessen. Bananen enthalten viel Kalium und helfen Zucker sparen. Walnüsse sorgen mit Margarine für gesunde Fette und liefern viele Mineralstoffe.

Bananenkuchen

einfach
lecker

*FÜR 1 GUGLHUPFFORM
(18 CM Ø; 20 STÜCK)*
250 g Mehl (Type 1050)
2 TL Backpulver
1 Msp. Salz
frisch geriebene Muskatnuss
120 g Walnusskerne
400 g reife Bananen
1 Stück Vanilleschote (ca. 3 cm)
120 g Margarine
100 g Rohrzucker
1 Ei
**Fett und Semmelbrösel
für die Form**
Puderzucker nach Belieben

PRO PORTION: **160 kcal, 3 g EW, 9 g F, 17 g KH**
ZUBEREITUNG: **25 Min.** *BACKZEIT:* **50–60 Min.**

1. Den Backofen auf 175° vorheizen. Die Form fetten und mit Semmelbröseln ausstreuen. Mehl mit Backpulver, Salz und 1 Prise Muskat in eine Schüssel sieben. Walnüsse fein hacken und dazugeben.
2. Bananen schälen, in kleine Stücke schneiden und in einer Schüssel mit einem Stabmixer pürieren. Die Vanilleschote längs halbieren, das Mark herauskratzen, unterrühren und alles beiseitestellen.
3. Die Margarine und den Zucker in einer Schüssel mit den Quirlen des Handrührgeräts cremig rühren, bis die Mischung locker und flockig ist. Das Ei hinzufügen und abwechselnd das Bananenpüree und die Mehlmischung mit einem Löffel unterziehen.
4. Den Teig in die Form füllen. Im Backofen (Mitte, Umluft 150°) 50–60 Min. backen. Zur Garprobe mit einem Holzstäbchen in den Kuchen stechen, bleibt kein Teig mehr haften, ist er fertig.
5. Den Guglhupf aus dem Ofen nehmen, 5 Min. abkühlen lassen und anschließend stürzen. Mit Puderzucker bestäuben und zum Geburtstag mit Kerzen oder Wunderkerzen dekorieren.

VARIANTEN: Die Walnüsse lassen sich prima durch Haselnüsse, Pekannüsse oder Mandeln ersetzen. Sie können auch nach Belieben die Nüsse mischen.

PRAXISTIPPS: Der Kuchen schmeckt warm und kalt und bleibt mindestens 1 Woche frisch. Benutzen Sie nur reife Bananen. Diese geben dem Kuchen erst optimalen Geschmack und Saftigkeit.

BMI

Der **B**ody **M**ass **I**ndex (engl. Körpermassenindex) stellt das Verhältnis von Körpergewicht zu -größe dar. Zur Berechnung des BMI nimmt man das Gewicht in kg und teilt diese Zahl durch Körpergröße im Quadrat:

z. B. $\dfrac{65\text{ kg}}{1,68 \times 1,68}$ BMI = 23

Der so ermittelte Wert wird mit Normalwerten verglichen.

DHA (Docosahexaensäure)

Eine mehrfach ungesättigte Fettsäure, die zu den Omega-3-Fettsäuren gehört. Sie spielt eine besondere Rolle bei der Entwicklung von z. B. Lern- und Merkfähigkeit und Sehschärfe. Fachgesellschaften raten zu einer Supplementierung in der Schwangerschaft mit 200 mg/Tag. Auch Säuglingsmilchnahrung wird derzeit angereichert. Eine Wirkung von DHA als Supplement ist aber nicht gesichert.

EHEC

Enterohämorrhagische Escherichia coli, wird durch Bakterien in rohen Lebensmitteln übertragen und ist für Schwangere, besonders aber für Säuglinge gefährlich. Die Erkrankung kann zu Nierenversagen führen.

Hämoglobin-Wert (HB)

Dieser Wert gibt den Eisengehalt des Blutes an und wird während der Schwangerschaft routinemäßig untersucht. Bei einer Schwangeren ist ein Wert von mindestens 11 g HB wünschenswert, damit der Fetus genug Sauerstoff bekommt. Eisenreiche Kost verbessert den Wert.

Laktose (Milchzucker)

In der Muttermilch trägt sie dazu bei, den Stuhl von Stillkindern weich zu halten, weil sie leicht abführend wirkt. In sehr seltenen Fällen kann sich in den ersten Lebenswochen eine Unverträglichkeit herausstellen. Symptome sind Bauchschmerzen, Blähungen und Durchfall. Der Kinderarzt stellt das fest. In dem Fall muss auf laktosefreie Säuglingsnahrung bzw. Kost umgestellt werden. Generell müssen bei einer Laktoseintoleranz laktosehaltige Lebensmittel wie Milch, Joghurt, Frischkäse oder Molke vermieden oder durch laktosefreie Milchprodukte ersetzt werden. Diese sind eine gute Alternative, ohne auf Kalzium verzichten zu müssen.

Methylquecksilber

Durch die weitläufige Verschmutzung der Weltmeere sind viele Fischsorten mit Methylquecksilber belastet, das den Fetus schädigen kann. Verzichten Sie deshalb in der Schwangerschaft auf Thunfisch, Schwertfisch und Hai. Mehr Infos finden Sie im Internet, z. B. unter http://www.bfr.bund.de

Neurodermitis

Neurodermitis ist eine chronische, nicht ansteckende Hauterkrankung. Symptome sind starker Juckreiz der Haut, rote, schuppende und manchmal auch nässende Ekzeme. Bei Neurodermitis ist die Aktivität des Enzyms zur Bildung von Hautfett gestört, das dafür verantwortlich ist, die Haut geschmeidig zu halten. Um dieses Fett herzustellen, benötigt der Körper Gamma-Linolensäure (aus Borretsch-, Schwarzkümmel- und Hanföl), die die Beschwerden lindern können. Weitere Infos finden Sie unter http://www.neurodermitis.net

Nitrat – Nitrit – Nitrosamine

Nitrat ist v. a. in Spinat, Blattsalaten, Fenchel und Roter Bete enthalten und wird durch Bakterien und Wärme zu Nitrit umgewandelt. Dieses kann bei starkem Braten krebserregende Nitrosamine bilden. Für Babys im 1. Halbjahr ist es giftig, da sie es nicht abbauen können und es die Sauerstoffversorgung blockiert. Wichtig: nitratreiche Speisen nicht warm lagern, langes Aufwärmen und Warmhalten vermeiden. Viel Vitamin C hemmt die Nitrosaminbildung!

Omega-3-Fettsäuren

Diese mehrfach ungesättigten Fettsäuren sind lebensnotwendig (essenziell): Unser Körper kann sie nicht selber herstellen. Gute Quellen sind Kaltwasserfische (z. B. Hering, Makrele, Lachs), pflanzliche Fette wie Lein-, Raps- und Walnussöl und Nüsse. Omega-3-Fettsäuren sind wichtig zur Bildung von Botenstoffen und für das Immunsystem. Sie verbessern die Fließeigenschaften des Blutes und helfen so, Arteriosklerose und Herz-Kreislauf-Erkrankungen vorzubeugen. Bei Neurodermitis können sie sich positiv auswirken. Der wichtigste Vertreter ist die Alpha-Linolensäure.

Oraler Glukosetoleranztest (oGTT)

Der oGTT liefert Hinweise auf die Fähigkeit des Körpers, den Blutzucker in einer bestimmten Zeit in die Zellen zu befördern. Zwischen der 24. und 28. Schwangerschaftswoche sollte ein Suchtest durchgeführt und dieser in der 32. bis 34. Schwangerschaftswoche wiederholt werden.

Präeklampsie (Gestose)

Symptome dieser schweren Schwangerschaftskomplikation sind Bluthochdruck von über 140/90 mmHg, Eiweiß im Urin (über 300 mg pro Tag), auch schon morgens auftretende Wassereinlagerungen, nicht nur in den Beinen, sondern auch im Kopfbereich und an Armen und Händen, Leber- oder Nierenfunktionsstörungen. Eine Präeklampsie muss sofort behandelt werden. Auf keinen Fall entwässernde Maßnahmen ergreifen. Ausreichend, also 2–3 l am Tag, trinken. Nicht an Salz sparen, reichlich Eiweißreiches wie Fisch, Milchprodukte oder Fleisch essen und viel Gemüse und Obst.

Schwangerschaftsdiabetes

Das stürmische Wachstum lässt auch den Blutzucker steigen. Wenn dabei die Insulinproduktion nicht Schritt hält, kommt es zum Diabetes. 2–12 % der Schwangeren sind davon betroffen. Übergewicht und familiäre Veranlagung erhöhen das Risiko. Wird der Diabetes nicht behandelt, droht eine Frühgeburt, und Ihr Kind wird später eher übergewichtig und Diabetiker. Deshalb ist eine ärztliche Früherkennung in Form eines Glukosetoleranztests (s. links) im 1. Trimester sinnvoll. Die beste Therapie ist körperliche Bewegung und eine vollwertige Ernährung: Meiden Sie Zuckriges und Weißmehlgebäck bzw. Fertigprodukte und süße Getränke, auch Saft. Kontrollieren Sie Ihre Gewichtszunahme.

Toxoplasmose

Eine Infektionskrankheit, die durch Parasiten, v. a. von Katzen, übertragen wird (Seite 17).

Zöliakie

Das ist eine Unverträglichkeit gegenüber dem in Getreide enthaltenen Kleber-Eiweiß Gluten. Hierbei handelt es sich um eine lebenslange chronische Erkrankung des Dünndarms. Klassische Symptome für eine Erkrankung sind starke Bauchschmerzen und Durchfall. Gluten ist in Weizen, Roggen, Dinkel, Gerste und Hafer enthalten. Ersatzprodukte sind Mais, Hirse, Reis, Buchweizen, Amarant, Quinoa und Kartoffeln (Stärke). Eine Einführung von glutenhaltigen Getreidesorten zwischen dem 4. und dem 6. Monat senkt das Risiko für Zöliakie. Dabei immer nur eine Sorte Getreideflocken einführen und, wenn das Baby sie verträgt, nach 1–2 Wochen zu einer neuen Sorte wechseln.

Amarant

Ein Pseudogetreide; die winzigen Körner werden wie Reis gekocht oder fürs Müsli gepufft verwendet. Amarant ist glutenfrei und reich an Mineralstoffen und Eiweiß.

Ballaststoffreiche Lebensmittel

Das sind Vollkornprodukte, Gemüse, Obst, Hülsenfrüchte, Nüsse.

Bittersalate

Bittersalate wie Endivie, Chicorée oder Radicchio sind reich an Bioaktivstoffen. Sie stärken die Abwehrkräfte, beruhigen und fördern gesunden Schlaf.

Bockshornkleesamen

Bockshornklee hat einen stark würzigen Geruch. Er erinnert ein wenig an Liebstöckel. Die Samen sind oft in Currymischungen enthalten. Nachweislich wirkt Bockshornklee vorbeugend gegen Ödeme und fördert die Milchbildung. Sie eignen sich wunderbar zum Keimen!

Carob

Carob wird aus den Früchten des Johannisbrotbaums hergestellt. Das süßliche, braune Pulver erinnert an Kakao und entsteht durch Trocknen, Rösten und Mahlen der Schoten. Es enthält im Gegensatz zu Kakao weder Koffein noch Theobromin. Aus den Kernen der Schote wird Johannisbrotkernmehl hergestellt, das als Bindemittel verwendet wird.

Chinin

Chinin wird aus der Rinde des Chinarindenbaums gewonnen. Tonic Water und Bitter Lemon sind chininhaltig. Schwangere sollten diese Getränke meiden, da Chinin anregend auf die Gebärmuttermuskulatur wirkt und so Wehen fördern kann. Chininhaltige Lebensmittel sind gekennzeichnet.

Fischerei, Nachhaltige

Das Siegel des Marine Stewardship Council (MSC) auf der Fischpackung garantiert, dass beim Fischfang auf Bestand und Lebensraum geachtet und Beifang vermieden wurde. Welche Fische nicht belastet und nicht überfischt sind, können Sie aktuell folgenden Seiten entnehmen: www.wwf.de, www.greenpeace.de

Hefeflocken

Sie sind sehr reich an B-Vitaminen und Eiweiß. Es gibt sie mit neutralem oder würzigem Geschmack. Sie können so Müslis oder Suppen, Saucen und Eintöpfe aufwerten.

Kardamom

In den grünen oder schwarzen Kapseln sind die würzenden, kleinen Kerne enthalten. Wir verwenden in diesem Buch grünen Kardamom mit süßlich-scharfem, erfrischendem Aroma. Die Kapseln immer erst vor Gebrauch leicht aufdrücken oder mit einem Mörser anstoßen und die Kerne verwenden. Die ätherischen Öle des Kardamoms regen die Verdauung an, helfen Blähungen zu mildern und wirken insgesamt positiv auf Körper und Geist.

Leinsamen (gold oder gelb)

Sie enthalten reichlich Ballaststoffe, die durch Aufquellen frei werden und entzündungshemmend bzw. verdauungsfördernd wirken. Der goldene Leinsamen ist eine Sonderzüchtung und wesentlich quellfähiger als der braune. Er wirkt nur, wenn gleichzeitig genug getrunken wird.

Mehltypen

Die Mehltype, z. B. 405 oder 1050, gibt Auskunft über den Mineralstoffgehalt im Mehl, der nach dem Ausmahlen noch vorhanden ist. Je höher die Type, desto mehr Mineralstoffe, Vitamine und Ballaststoffe: Das Mehl ist dunkler. Mehl der Type 1050 kann Weißmehl ersetzen, braucht allerdings etwas mehr Flüssigkeit zum Quellen. Vollkornmehl (Type 1700) braucht viel mehr Flüssigkeit und passt am besten zu pikanten oder nussigen Teigen.

Milchzucker

= Laktose, in Reformhaus und Apotheke erhältlich, ähnliche Süßkraft wie Zucker mit verdauungsfördernder Wirkung.

Quinoa

Das Pseudogetreide stammt aus Südamerika und besteht aus kleinen, runden Körnern. Es wird wie Reis gegart, enthält fast kein Gluten, dafür viel hochwertiges Eiweiß und Mineralstoffe.

Rohrzucker

Der karamellfarbene Zucker wird aus Zuckerrohr gepresst und ist un- bzw. teilraffiniert im Handel. Er süßt mild und malzig und enthält mehr Mineralstoffe als weißer Zucker.

Süßholzwurzel

Süßholzsaft ist der Hauptbestandteil von Lakritze und wird gerne als süßender Zusatz in Teemischungen verwendet. In der Schwangerschaft lieber verzichten! Hoch dosiert kann Süßholz zu Bluthochdruck, Ödemen oder Kaliummangel führen.

Tofu

Tofu stammt aus der asiatischen Küche und wird aus Sojabohnen hergestellt. Er schmeckt neutral und ist als fester schnittfähiger Block oder als cremiger Seidentofu im Handel. Geräu-

chert entwickelt er ein würziges Aroma. Es gibt auch Tofu mit Sesam oder Tomaten, mit Kräutern oder Knoblauch. Er ist ein kalorienarmer Eiweißlieferant, frei von gesättigten Fettsäuren und Cholesterin.

Weizenkeime

Weizenkeime enthalten sehr viel Vitamin E, B1, B6, Folsäure, Nikotinsäure, Magnesium, Zink, Phosphor, Kalium und Eisen. Sie werden zu Weizenkeimöl und Flocken verarbeitet. Sie können Weizenkörner auch selber keimen lassen und im Salat oder in Wokgerichten genießen.

Zuckeraustauschstoffe

Süße Kohlenhydrate, die in Süßigkeiten und Getränken eingesetzt werden (in der Zutatenliste erkennbar an der Endung -it). Sie süßen schwächer als Zucker. Die meisten Zuckeraustauschstoffe wirken abführend und verursachen keine Karies.

Zum Nachlesen

Bücher, die weiterhelfen

Stillen
Kretschmer, U., Perl, F.M., Scherbaum, V.
Deutscher Ärzte-Verlag

Ratgeber Schwangerschaft und Geburt
Verbraucherzentrale Nordrhein-Westfalen e.V.

Ernährungsberatung in Schwangerschaft und Stillzeit
Körner, U., Rösch, R.,
Hippokrates Verlag

Ernährung von Säuglingen
aid/dge

Bücher aus dem GRÄFE UND UNZER VERLAG

GU Kompass Nährwerte
Aign, W., Elmadfa, I., Fritzsche, D.

Das große Buch zur Schwangerschaft
Kainer, F., Nolden, A.

Essen in der Stillzeit
von Cramm, D.

Stillen
Guóth-Gumberger, M.; Hormann, E.

Kochen für Babys
von Cramm, D.

Babyernährung
Laimighofer, A.

Unser Baby
von Cramm, D.

Adressen und Links, die weiterhelfen

Deutsche Gesellschaft für Ernährung (DGE)
Godesberger Allee 18, 53175 Bonn
www.dge.de

Verband der Diplom-Oecotrophologen e.V.
Reuterstraße 161, 53113 Bonn
www.vdoe.de

La Leche Liga Deutschland e.V.
Dannenkamp 25, 32476 Hille
www.lalecheliga.de

Forschungsinstitut für Kinderernährung
Heinstück 11, 44225 Dortmund
www.fke-do.de

WHO/UNICEF-Initiative
Babyfreundliches Krankenhaus (BFHI) e.V.
Jan-Wellem-Straße 6, 51429 Bergisch Gladbach
www.babyfreundlich.org

WHO/UNICEF-Initiative
Stillfreundliches Krankenhaus
Homburger Straße 22, 50969 Köln
www.stillfreundlich.de

Einkaufsratgeber Fisch und Meeresfrüchte
World Wildlife Foundation
www.wwf.de

Stiftung Warentest
www.test.de

aid verbraucherseite
www.was-wir-essen.de

Bundesinstitut für Risikobewertung
Thielallee 88–92, 14195 Berlin
www.bfr.bund.de

La Leche Liga Schweiz
Postfach 197, CH-8053 Zürich
www.stillberatung.ch

Sach-register

Rezept-register

Zum Gebrauch

Damit Sie Rezepte mit bestimmten Zutaten noch schneller finden können, stehen in diesem Register zusätzlich auch Zutaten wie **Äpfel** oder **Reis** – ebenfalls alphabetisch geordnet und **hervorgehoben** – über den entsprechenden Rezepten.

Hinweis:
Die Temperaturstufen bei Gas-
herden variieren von Hersteller
zu Hersteller. Welche Stufe Ihres
Herdes der jeweils angegebenen
Temperatur entspricht, entnehmen
Sie bitte der Gebrauchsanweisung.

Impressum

Die Autorin

Dagmar von Cramm
Die Freiburger Diplom-Ökotrophologin ist eine gefragte Ernährungsexpertin. In zahlreichen Büchern und Zeitschriften veröffentlicht sie zum Thema Gesundheit, Kochen und Ernährung. Sie ist eine begehrte Teilnehmerin wissenschaftlicher Symposien und tritt regelmäßig im TV auf. Dagmar von Cramm gewann zweimal den Journalistenpreis der Deutschen Gesellschaft für Ernährung und ist inzwischen Mitglied im Präsidium.
Ihr Dank gilt Redaktionsassistentin Dipl. oec. troph. Kathy Decker für die Mitarbeit in Versuchsküche und Redaktion.
Homepage:
www.dagmarvoncramm.de
bei Facebook: www.facebook.com/dagmarvoncramm

Die Fotografin

Coco Lang arbeitet als Fotografin in ihrer Werkstatt am Münchner Viktualienmarkt. Mit ihrem Blick auf die schönen Dinge des Lebens und ihrem Gespür für unterschiedliche Themen, hat sie für »Schwangerschaft & Stillzeit« eine warme und emotionale Bildwelt geschaffen, in der sich werdende und frischgebackene Mütter wohlfühlen.
Coco Lang bedankt sich herzlich: bei Nostalgie im Kinderzimmer (www.nostalgieimkinderzimmer.de) für die himmlischen Babypüppchen & Geschirr, bei der Firma Riess (www.riess.at) für die wunderbaren Kochtöpfe und bei allen Babys, Mamas, Papas und werdenden Müttern fürs Mitmachen!

Projektleitung: Sigrid Burghard
Lektorat: Adelheid Schmidt-Thomé
Korrektorat: Petra Bachmann
Fotografie: Coco Lang
Foodstyling: Daniel Petri, Marco Bernhard
Foto-Assistenz: Nico Fung
Post-Produktion: Bird Imaging
Umschlag und Gestaltung: independent Medien-Design, Horst Moser, München
Herstellung: Renate Hutt
Satz: Ute Fründt, München
Repro: Repro Ludwig, Zell am See
Druck und Bindung: Printer, Trento

Bildnachweis:

Porträtfoto S. 7: Peter Schulte, Hamburg
Zeichnung S. 11: Katja Muggli
Alle anderen Fotos: Coco Lang, München

Titelbildrezept: Pestonudeln mit Gemüse, Seite 66

Syndication:
www.jalag-syndication.de

ISBN 978-3-8338-2265-0
2. Auflage 2012

Unsere Garantie

Alle Informationen in diesem Ratgeber sind sorgfältig und gewissenhaft geprüft. Sollte dennoch einmal ein Fehler enthalten sein, schicken Sie uns das Buch mit dem entsprechenden Hinweis an unseren Leserservice zurück. Wir tauschen Ihnen den GU-Ratgeber gegen einen anderen zum gleichen oder ähnlichen Thema um.

Liebe Leserin und lieber Leser,

wir freuen uns, dass Sie sich für ein GU-Buch entschieden haben. Mit Ihrem Kauf setzen Sie auf die Qualität, Kompetenz und Aktualität unserer Ratgeber. Dafür sagen wir Danke! Wir wollen als führender Ratgeberverlag noch besser werden. Daher ist uns Ihre Meinung wichtig. Bitte senden Sie uns Ihre Anregungen, Ihre Kritik oder Ihr Lob zu unseren Büchern. Haben Sie Fragen oder benötigen Sie weiteren Rat zum Thema? Wir freuen uns auf Ihre Nachricht!

Wir sind für Sie da!
Montag–Donnerstag: 8.00–18.00 Uhr;
Freitag: 8.00–16.00 Uhr
Tel.: 0180-5 00 50 54*
Fax: 0180-5 01 20 54*
*(0,14 €/Min. aus dem dt. Festnetz/ Mobilfunkpreise maximal 0,42 €/Min.)
E-Mail:
leserservice@graefe-und-unzer.de

P.S.: Wollen Sie noch mehr Aktuelles von GU wissen, dann abonnieren Sie doch unseren kostenlosen GU-Online-Newsletter und/oder unsere kostenlosen Kundenmagazine.

GRÄFE UND UNZER VERLAG
Leserservice
Postfach 86 03 13
81630 München

Ein Unternehmen der
GANSKE VERLAGSGRUPPE

Die werden Sie auch lieben.

ISBN 978-3-8338-0649-0

ISBN 978-3-7742-7200-2

ISBN 978-3-7742-6076-4

ISBN 978-3-8338-1892-9

ISBN 978-3-8338-0826-5

ISBN 978-3-8338-0909-5

ISBN 978-3-8338-0311-6

www.gu.de: Blättern Sie in unseren Büchern, entdecken Sie wertvolle Hintergrundinformationen sowie unsere Neuerscheinungen.

Willkommen im Leben.